AF273861

# INTELIGENCIA ARTIFICIAL APLICADA AL MARKETING

## CURSO PRÁCTICO

# INTELIGENCIA ARTIFICIAL APLICADA AL MARKETING

## CURSO PRÁCTICO

ELSA RUBIO DUCE

La ley prohíbe
fotocopiar este libro

Inteligencia artificial aplicada al marketing. Curso práctico
Thema: UYQ Inteligencia Artificial
Bisac: COM004000
© Elsa Rubio Duce
© De la edición: Ra-Ma 2025

MARCAS COMERCIALES. Las designaciones utilizadas por las empresas para distinguir sus productos (hardware, software, sistemas operativos, etc.) suelen ser marcas registradas. RA-MA ha intentado a lo largo de este libro distinguir las marcas comerciales de los términos descriptivos, siguiendo el estilo que utiliza el fabricante, sin intención de infringir la marca y solo en beneficio del propietario de la misma. Los datos de los ejemplos y pantallas son ficticios a no ser que se especifique lo contrario.

RA-MA es marca comercial registrada.

Se ha puesto el máximo empeño en ofrecer al lector una información completa y precisa. Sin embargo, RA-MA Editorial no asume ninguna responsabilidad derivada de su uso ni tampoco de cualquier violación de patentes ni otros derechos de terceras partes que pudieran ocurrir. Esta publicación tiene por objeto proporcionar unos conocimientos precisos y acreditados sobre el tema tratado. Su venta no supone para el editor ninguna forma de asistencia legal, administrativa o de ningún otro tipo. En caso de precisarse asesoría legal u otra forma de ayuda experta, deben buscarse los servicios de un profesional competente.

Reservados todos los derechos de publicación en cualquier idioma.

Según lo dispuesto en el Código Penal vigente, ninguna parte de este libro puede ser reproducida, grabada en sistema de almacenamiento o transmitida en forma alguna ni por cualquier procedimiento, ya sea electrónico, mecánico, reprográfico, magnético o cualquier otro sin autorización previa y por escrito de RA-MA; su contenido está protegido por la ley vigente, que establece penas de prisión y/o multas a quienes, intencionadamente, reprodujeren o plagiaren, en todo o en parte, una obra literaria, artística o científica.

Editado por:
RA-MA Editorial
Calle Jarama, 3A, Polígono Industrial Igarsa
28860 PARACUELLOS DE JARAMA, Madrid
Teléfono: 91 658 42 80
Fax: 91 662 81 39
Correo electrónico: info@grupoeditorialrama.com
Internet: www.ra-ma.es y www.ra-ma.com
ISBN impreso: 979-13-8764-223-5
ISBN ePub: 979-13-8764-224-2
Depósito legal: M-3591-2025
Maquetación: Antonio García Tomé
Diseño de portada: Antonio García Tomé
Filmación e impresión: Safekat
Impreso en España en febrero de 2025

*A mis dos Rocíos.*

# Índice

# Acerca de la autora

**Elsa Rubio Duce**

Graduada en Antropología Social y Cultural y con una pasión innata por la redacción y creación de contenido. Profesional autónoma especializada en la gestión de proyectos editoriales y el desarrollo de contenido formativo, con una amplia experiencia en tecnologías educativas y desarrollo web. Su dominio abarca el manejo de herramientas de IA como ChatGPT 4.0, Copilot, Perplexity, Gemini y Midjourney. Posee experiencia en lenguajes de programación como HTML5, CSS3 y JavaScript, así como conocimientos en Python, utilizado en el análisis de datos, machine learning y automatización de flujos de trabajo.

# Introducción

La Inteligencia Artificial (IA) se ha consolidado como una herramienta esencial en el ámbito del marketing digital, transformando estrategias y optimizando procesos de toma de decisiones. Su capacidad para analizar grandes volúmenes de datos, identificar patrones de comportamiento y automatizar tareas permite a las empresas personalizar sus campañas, mejorar la experiencia del cliente y aumentar su competitividad.

Este manual ofrece una guía práctica y completa sobre el uso de la IA en el marketing, abarcando desde conceptos básicos hasta aplicaciones avanzadas. Se examinarán técnicas de análisis predictivo, segmentación de audiencias, personalización de contenidos y automatización de procesos clave. Además, se explorarán aspectos éticos y legales relacionados con el uso de la IA como la gestión de datos personales y la transparencia algorítmica.

## Visión general del contenido

El curso está estructurado en tres módulos principales, diseñados para ofrecer una comprensión integral y práctica de la IA aplicada al marketing.

## Módulo 1: introducción a la Inteligencia Artificial

Este módulo aborda los conceptos esenciales de la IA y su evolución en el sector del marketing. Se explorarán sus principales aplicaciones, desde la automatización de procesos hasta la personalización de campañas. Se analizarán casos de uso relevantes y se proporcionarán herramientas clave para su implementación.

## Módulo 2: procesos de Inteligencia Artificial aplicados a las estrategias de marketing

Se estudian las técnicas y procesos que permiten integrar la IA en estrategias de marketing digital. Se incluirán temas como el análisis de datos para la segmentación de mercados, la gestión automatizada de campañas publicitarias y la optimización del servicio al cliente mediante chatbots y asistentes virtuales.

## Módulo 3: desarrollo de soluciones personalizadas de Inteligencia Artificial para el área de marketing

Este módulo se centra en el desarrollo de soluciones específicas adaptadas a las necesidades de cada empresa. Se explorarán herramientas prácticas para crear modelos predictivos, cuadros de mando y agentes inteligentes. También se introducirán plataformas especializadas como Google Cloud AI y servicios de aprendizaje automático "no-code".

# Módulo 1

## Introducción a la inteligencia artificial

## 1.1 APROXIMACIÓN A LOS CONCEPTOS BÁSICOS DE LA IA

La **Inteligencia Artificial (IA)** se define como el conjunto de teorías y desarrollos técnicos que buscan emular ciertas capacidades cognitivas propias de los seres humanos. En términos generales, la IA se refiere a la capacidad de una máquina o sistema para procesar información, aprender de esta y adaptarse a situaciones cambiantes, realizando tareas que tradicionalmente requieren de inteligencia humana. La IA es un campo de la **informática** y de las **ciencias de datos** en constante evolución, que incluye diversas áreas de estudio como el **aprendizaje automático (Machine Learning)**, el **procesamiento de lenguaje natural (NLP)**, el **reconocimiento de voz**, y la **visión por computadora**.

La popularización de la IA ha transformado no solo el ámbito tecnológico, sino también el social y económico, influyendo en la manera en que interactuamos con el entorno y tomamos decisiones. Sus aplicaciones se extienden desde los **asistentes virtuales** y el **reconocimiento facial** hasta los sistemas complejos de **automatización industrial** y **análisis de datos**. Esta capacidad de la IA para integrarse en distintos contextos ha generado una "revolución digital" que se considera una de las transformaciones más significativas de nuestro tiempo.

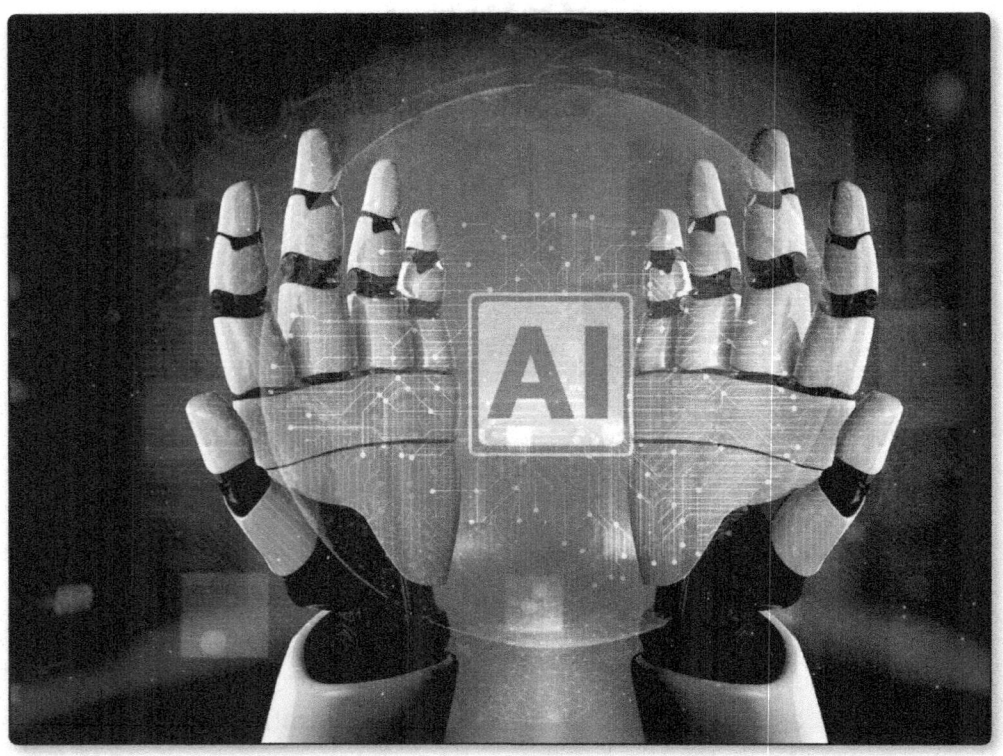

### ⓘ NOTA

El término Inteligencia Artificial se acuñó en 1956 durante la Conferencia de Dartmouth, un evento considerado el punto de partida formal para el estudio de la IA como disciplina académica. Desde entonces, ha evolucionado a través de avances en hardware, algoritmos y acceso a grandes volúmenes de datos.

## 1.1.1  Caracterización de la Inteligencia Artificial

La IA se basa en algoritmos avanzados y modelos matemáticos que procesan grandes volúmenes de datos para generar respuestas inteligentes. Su desarrollo ha permitido automatizar procesos complejos, adaptarse a situaciones cambiantes y ejecutar tareas con un grado de autonomía que antes solo era posible para los seres humanos.

Para comprender mejor la IA es fundamental entender algunos de sus aspectos esenciales. El punto de partida son los **datos**, que constituyen la materia prima indispensable para el funcionamiento de cualquier sistema de Inteligencia Artificial. Sin datos relevantes, no es posible entrenar modelos ni obtener resultados precisos. Estos datos pueden presentarse de manera estructurada, como bases de datos organizadas, o no estructurada, como imágenes, vídeos o texto libre.

La construcción de modelos de IA implica crear representaciones matemáticas que permiten al sistema aprender a realizar tareas específicas a partir de los datos suministrados. A través del **proceso de entrenamiento**, los modelos son expuestos a grandes cantidades de datos etiquetados, aprendiendo patrones y ajustando sus parámetros internos para mejorar su precisión en las predicciones. Una vez entrenados, los modelos pueden hacer **inferencias**, aplicando lo aprendido para tomar decisiones o generar respuestas ante nuevos datos.

La IA se distingue por algunas características clave que le otorgan un gran potencial en múltiples sectores. Una de ellas es la **automatización**, que permite ejecutar tareas repetitivas y complejas con gran precisión. Otra es la **adaptación**, ya que los sistemas de IA pueden mejorar con el tiempo a medida que se exponen a más datos. Asimismo, su capacidad de **interacción** les permite comunicarse con los usuarios de manera natural, como lo hacen los asistentes virtuales. Finalmente, la IA también destaca por su **autonomía**, ya que puede tomar decisiones sin intervención humana directa cuando está bien configurada.

En términos de clasificación, existen distintos tipos de Inteligencia Artificial. La **IA débil** se especializa en tareas específicas, como los sistemas de recomendación o los chatbots. En contraste, la **IA fuerte** representa una inteligencia similar a la humana, capaz de realizar cualquier tarea cognitiva, aunque su desarrollo aún es un objetivo lejano. Finalmente, la **superinteligencia artificial** es una idea especulativa que plantea la posibilidad de que los sistemas informáticos superen la inteligencia humana en todos los campos, lo que genera debates éticos y técnicos en el ámbito académico.

## 1.1.2  Aplicaciones de la nomenclatura y conceptos asociados a la IA

Para comprender mejor la IA y sus aplicaciones, hay que definir algunos de los conceptos clave que componen este campo.

Un **algoritmo** es una serie de instrucciones secuenciales que permiten resolver un problema o realizar una tarea. En el contexto de la IA los algoritmos son la base de los modelos de aprendizaje y decisión, y pueden programarse para realizar desde tareas simples hasta análisis complejos.

---

### ⓘ EJEMPLO

Un algoritmo de IA puede estar diseñado para clasificar correos electrónicos como "spam" o "no spam" basándose en patrones aprendidos previamente. Para ello, procesa características del texto, como la frecuencia de ciertas palabras, y determina su categoría de acuerdo con su entrenamiento previo.

Por otro lado, las **redes neuronales artificiales** son modelos inspirados en el funcionamiento de las neuronas en el cerebro humano. Estas redes están compuestas por capas de nodos o "neuronas", conectadas entre sí, donde cada nodo realiza cálculos matemáticos específicos que permiten procesar y analizar grandes volúmenes de datos. Las redes neuronales son la base de modelos complejos de IA como el **Deep Learning** o aprendizaje profundo.

Dentro de una red neuronal, se destacan los conceptos de **capa de entrada** (donde ingresan los datos), **capas ocultas** (donde se procesan) y **capa de salida** (donde se produce la respuesta o decisión final).

El **aprendizaje** en estas redes implica **ajustar los pesos** de las conexiones entre nodos para mejorar el rendimiento y la precisión en tareas específicas. Este ajuste se realiza mediante procesos de entrenamiento que permiten que el modelo optimice sus resultados con el tiempo.

El **procesamiento de lenguaje natural** es un área de la IA dedicada a la interpretación y generación de lenguaje humano en un formato que las máquinas puedan entender y procesar. Las aplicaciones de NLP incluyen la **traducción automática**, el **análisis de sentimientos** y la **interacción conversacional** con asistentes virtuales.

Para realizar estas tareas, los modelos de PLN deben entender elementos complejos como la gramática, el contexto y la semántica, enfrentándose a desafíos únicos debido a las ambigüedades y variaciones culturales presentes en el lenguaje humano.

### ⓘ EJEMPLO

Los asistentes virtuales, como Siri o Alexa, utilizan NLP para comprender y responder a comandos de voz. Para ello, primero convierten el audio en texto, luego analizan el significado de las palabras y finalmente generan una respuesta adecuada.

La **visión por computadora** es una rama de la IA que permite a los sistemas analizar y comprender el contenido de imágenes y vídeos. A través de la visión por computadora, los sistemas pueden realizar tareas como el **reconocimiento facial**, la **detección de objetos** y la **clasificación de imágenes**. Esta tecnología es fundamental en aplicaciones de seguridad, automóviles autónomos y análisis de medios visuales.

La visión por computadora se basa en algoritmos de procesamiento de imágenes y redes neuronales que descomponen las imágenes en píxeles, detectan patrones y generan interpretaciones útiles para aplicaciones específicas.

Por su parte, el **aprendizaje automático (Machine Learning)**, en el que se profundizará más adelante, es una técnica central dentro de la IA que permite a los sistemas **aprender y mejorar automáticamente** a partir de datos, sin programarse de manera explícita. Esto se logra a través de modelos que se ajustan con el tiempo y que se aplican en diversas áreas como la predicción de comportamientos, la recomendación de productos y la detección de fraudes.

Por último, el **aprendizaje profundo (Deep Learning)** es una rama avanzada del aprendizaje automático que utiliza redes neuronales profundas para resolver problemas complejos como la **traducción automática**, la **conducción autónoma** y el **reconocimiento de voz**. Su capacidad para identificar patrones intrincados ha impulsado el desarrollo de tecnologías de vanguardia.

### 1.1.3  Recursos necesarios para la utilización de la IA

La implementación efectiva de **Inteligencia Artificial (IA)** requiere una combinación de elementos tecnológicos, humanos y metodológicos que aseguren su desarrollo, ejecución y mantenimiento. A continuación, se detallan los principales recursos

▼ **Infraestructura tecnológica:** abarca los elementos físicos y de conectividad, como procesadores avanzados, almacenamiento en la nube, redes de alta velocidad y dispositivos IoT, necesarios para ejecutar y soportar los sistemas de IA.

  ● **Hardware:** procesadores de alto rendimiento, GPUs y TPUs para entrenamiento de modelos.

  ● **Almacenamiento de datos:** sistemas de bases de datos escalables y almacenamiento en la nube.

  ● **Redes y conectividad:** ancho de banda suficiente para transferir grandes volúmenes de datos en tiempo real.

  ● **Dispositivos IoT (Internet de las cosas):** sensores y dispositivos inteligentes para recopilar datos.

▼ **Software y herramientas:** incluye frameworks, plataformas de desarrollo y sistemas específicos que facilitan el diseño, entrenamiento y despliegue de modelos de IA, así como la integración con herramientas de gestión como CRMs o ERPs.

  ● **Entornos de desarrollo:** plataformas como TensorFlow, PyTorch, BigML, y Google Cloud Platform.

  ● **Librerías y frameworks:** herramientas específicas para el desarrollo de algoritmos de aprendizaje automático y procesamiento de datos.

  ● **Plataformas de teleformación:** sistemas compatibles con estándares SCORM y que soporten entornos virtuales interactivos.

▼ **Recursos Humanos:** hacen referencia a los equipos de especialistas técnicos, expertos en marketing y personal de soporte técnico encargados de diseñar, implementar y mantener soluciones de IA.

- **Especialistas en IA:** desarrolladores, ingenieros de datos y científicos de datos con experiencia en aprendizaje automático y redes neuronales.

- **Expertos en negocios:** para definir estrategias de aplicación y evaluar resultados.

- **Personal de soporte técnico:** para mantenimiento y resolución de problemas técnicos.

▶ **Datos y fuentes de información:** esenciales para el entrenamiento y funcionamiento de los algoritmos, provenientes de bases de datos internas, fuentes externas y sistemas de análisis en tiempo real.

- **Bases de datos estructuradas y no estructuradas:** para alimentar los algoritmos de aprendizaje automático.

- **Data lakes:** repositorios de datos en bruto para análisis y procesamiento.

- **Fuentes externas:** APIs, datos abiertos y sistemas de monitoreo.

▶ **Entorno de trabajo y formación:** comprende tanto espacios físicos y virtuales adaptados para el desarrollo y la colaboración, como programas de formación continua para mantener actualizado al equipo.

- **Aulas virtuales y espacios de trabajo:** equipadas con software especializado, pizarras interactivas y sistemas de videoconferencia.

- **Programas de capacitación continua:** para actualizar conocimientos sobre tendencias y tecnologías emergentes en IA

▼ **Marco legal y ético:** establece las normativas y directrices necesarias para garantizar la protección de datos, la transparencia y la equidad en el uso de la IA

- **Cumplimiento normativo:** adaptación a normativas de protección de datos, como la Ley Orgánica 3/2018 y el Reglamento General de Protección de Datos (GDPR).

# Legislación

La Ley Orgánica 3/2018, de Protección de Datos Personales y Garantía de los Derechos Digitales (LOPDGDD), y el Reglamento General de Protección de Datos (GDPR) de la Unión Europea, son los marcos legales fundamentales para garantizar la protección y el uso ético de los datos personales en proyectos de Inteligencia Artificial.

Estas normativas establecen que:

1. Los datos personales deben ser recopilados y utilizados con el consentimiento explícito del usuario.

2. Se deben recopilar solo los datos estrictamente necesarios para el propósito del proyecto.

3. Las empresas deben informar de manera clara cómo y para qué se utilizarán los datos.

4. Los usuarios tienen derecho al acceso, rectificación, cancelación, oposición y portabilidad de sus datos personales.

5. Las empresas deben demostrar que cumplen con las normativas, a través de mecanismos como auditorías internas y evaluaciones de impacto.

- **Guías de ética:** definición de políticas claras sobre el uso y la transparencia de los algoritmos utilizados.

## 1.1.4  Generación actual de aplicaciones de IA

La generación actual de **aplicaciones de Inteligencia Artificial (IA)** se distingue por su capacidad de procesar grandes volúmenes de datos y ejecutar algoritmos avanzados en tiempo real para resolver problemas complejos. Estas aplicaciones han evolucionado significativamente, incorporando características que las hacen más versátiles, eficientes y adaptadas a las necesidades de diferentes sectores, incluido el marketing.

Entre las principales características de las aplicaciones actuales de IA se encuentran el **aprendizaje automático y profundo**, que les permite analizar patrones en los datos y realizar predicciones precisas. Además, muchas de estas aplicaciones integran capacidades de **procesamiento de lenguaje natural (NLP)**, lo que facilita la interacción entre las máquinas y los usuarios mediante un lenguaje más humano. También destacan las tecnologías de **visión por computadora**, diseñadas para interpretar y analizar contenido visual, como imágenes o vídeos, y la **automatización inteligente**, que optimiza tareas repetitivas y procesos complejos. Finalmente, estas herramientas ofrecen una **personalización avanzada**, ajustando servicios y recomendaciones a las preferencias específicas de cada usuario.

Las aplicaciones de IA tienen un impacto significativo en el marketing, transformando la forma en que las empresas interactúan con sus clientes y optimizan sus estrategias. Una de las áreas más destacadas es la **publicidad programática**, que automatiza la compra y gestión de espacios publicitarios online utilizando datos en tiempo real para maximizar la relevancia de los anuncios. Otra área clave es el **análisis predictivo**, que permite anticipar tendencias de mercado y comportamientos de los consumidores, ayudando a las empresas a tomar decisiones estratégicas basadas en datos. Además, herramientas como **chatbots** y **asistentes virtuales** mejoran el servicio al cliente mediante interacciones automáticas y continuas, mientras que el **marketing personalizado** adapta mensajes y campañas a las necesidades individuales de los usuarios. Por último, la **optimización de precios** utiliza algoritmos para ajustar tarifas en función de factores como la demanda y la competencia.

Entre los ejemplos más representativos de estas aplicaciones se encuentran los sistemas de recomendación, como los que utilizan plataformas como **Netflix** o **Amazon**, que analizan los comportamientos de los usuarios para sugerir contenido o productos personalizados. También destacan los asistentes virtuales como **Siri**, **Alexa** o **Google Assistant**, que no solo responden preguntas, sino que también ejecutan tareas automatizadas como gestionar calendarios o realizar compras. Las redes sociales, por su parte, emplean la IA para dirigir la publicidad de manera eficiente, mostrando anuncios específicos según las preferencias de cada usuario. Además, herramientas como **Brandwatch** utilizan el análisis de sentimiento para interpretar la percepción del público sobre marcas o productos en redes sociales. Por otro lado, soluciones como **Mailchimp** automatizan el envío de correos electrónicos, optimizando el contenido y los horarios de envío para mejorar las tasas de apertura y conversión.

Sin embargo, la implementación de estas aplicaciones también enfrenta retos significativos. La **privacidad y la protección de datos** son aspectos críticos, especialmente en un contexto donde el uso de datos personales es esencial para el funcionamiento de la IA Asimismo, evitar los **sesgos algorítmicos** sigue siendo un desafío, ya que los modelos pueden reproducir prejuicios presentes en los datos de entrenamiento. Por último, no todas las empresas cuentan con los recursos tecnológicos y humanos necesarios para adoptar estas soluciones de manera efectiva, lo que puede limitar su capacidad para competir en un mercado impulsado por la IA

## 1.2 EVOLUCIÓN DE LA INTELIGENCIA ARTIFICIAL

La evolución de la **Inteligencia Artificial (IA)** ha sido un recorrido fascinante marcado por descubrimientos científicos, avances tecnológicos y transformaciones sociales. Desde sus primeros conceptos teóricos hasta las aplicaciones avanzadas de la actualidad, la historia de la IA refleja el esfuerzo humano por replicar la inteligencia mediante sistemas computacionales.

## 1.2.1  Cronología y principales hitos

El desarrollo de la Inteligencia Artificial puede dividirse en varias etapas, cada una marcada por hitos que impulsaron su evolución y contribuyeron al estado actual de la tecnología

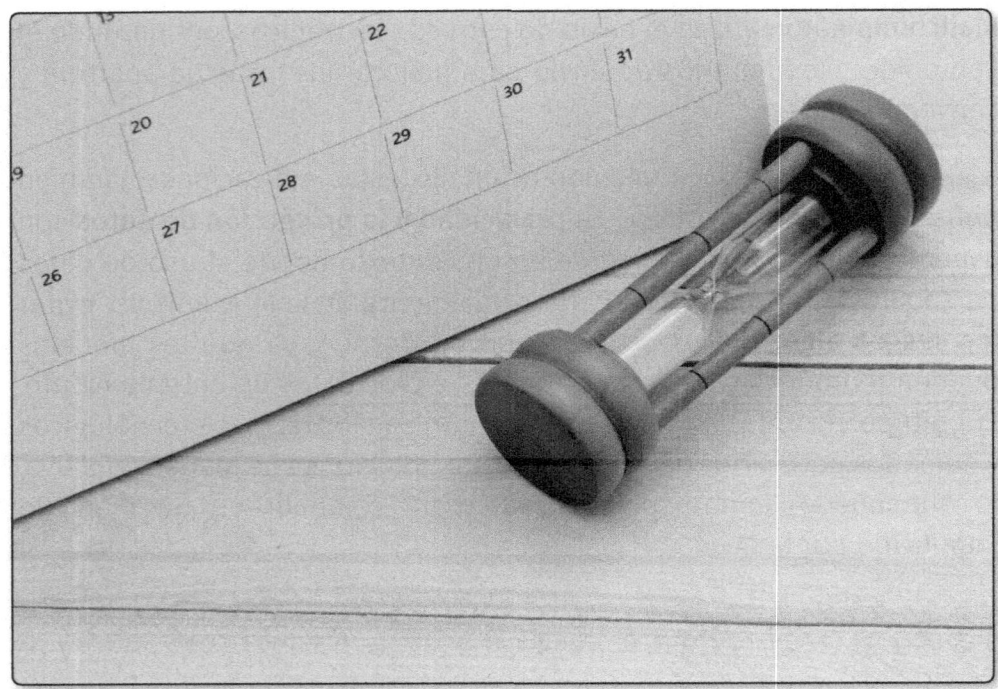

### 1. La base conceptual (1943-1956)

La idea de construir máquinas inteligentes surgió en el ámbito académico con el trabajo de **Warren McCulloch** y **Walter Pitts** en 1943, quienes desarrollaron el primer modelo matemático de una neurona artificial. Este modelo sentó las bases del pensamiento lógico computacional. Más tarde, en 1950, **Alan Turing** introdujo el concepto del "test de Turing", un criterio para evaluar la inteligencia de las máquinas. En 1956, durante la conferencia de Dartmouth, se acuñó oficialmente el término "Inteligencia Artificial".

2. **La era de los primeros sistemas (1956-1970)**:

   Durante este periodo, se desarrollaron los primeros sistemas capaces de realizar tareas específicas basadas en reglas programadas. Por ejemplo, el programa **Logic Theorist** de **Allen Newell** y **Herbert A. Simon** resolvía problemas matemáticos utilizando principios lógicos. En 1966, el chatbot **ELIZA**, diseñado por **Joseph Weizenbaum**, mostró que las máquinas podían simular conversaciones humanas simples.

3. **El optimismo inicial y la "primera caída" (1970-1980)**

   Aunque los avances iniciales generaron grandes expectativas, las limitaciones tecnológicas y la falta de datos para entrenar los modelos provocaron una desaceleración en el progreso. Este periodo, conocido como el "invierno de la IA", se caracterizó por una disminución en la inversión y el interés, debido al escepticismo sobre las posibilidades reales de la IA

4. **El resurgimiento con el aprendizaje automático (1980-1990)**

   En los años 80, la IA experimentó un renacimiento gracias a los avances en sistemas expertos, como **MYCIN**, que asistía en diagnósticos médicos. Además, el desarrollo de redes neuronales artificiales, impulsado por investigadores como **Geoffrey Hinton**, reintrodujo el interés en el aprendizaje automático, permitiendo a las máquinas aprender de datos.

5. **La explosión de datos y la modernización (1990-2010)**

   Con el auge de internet y la disponibilidad de grandes volúmenes de datos, la IA alcanzó nuevas capacidades. Avances como el sistema de juegos de ajedrez **Deep Blue** de IBM, que derrotó al campeón mundial Garry Kasparov en 1997, demostraron el potencial práctico de los algoritmos. A finales de esta etapa, se popularizó el uso del **machine learning** en aplicaciones comerciales, como motores de búsqueda y sistemas de recomendación.

6. **La era actual de la IA avanzada (2010-presente)**

Desde 2010, los avances en **deep learning**, combinados con el crecimiento de la capacidad de procesamiento computacional, han llevado a logros sin precedentes. Modelos como **GPT** y **DALL-E** han revolucionado la generación de texto e imágenes, mientras que aplicaciones como **AlphaGo** han superado las capacidades humanas en juegos complejos. Además, la integración de la IA en sectores como la salud, el transporte y el marketing ha ampliado su impacto en la sociedad.

## 1.2.2 Escuelas de pensamiento en los que se basa la IA Convencional. Computacional

La **Inteligencia Artificial (IA)** se fundamenta en varias escuelas de pensamiento que han orientado su desarrollo teórico y práctico. Estas corrientes reflejan enfoques diversos para entender y replicar la inteligencia, integrando disciplinas como las matemáticas, la lógica, la computación y las ciencias cognitivas. Las dos principales ramas que han marcado el avance de la IA son la **IA convencional** y la **IA computacional**.

### 1.2.2.1 IA CONVENCIONAL: BASADA EN REGLAS Y LÓGICA SIMBÓLICA

La **IA convencional** se enfoca en la representación explícita de conocimiento mediante reglas y símbolos. Este enfoque considera la inteligencia como un proceso lógico y busca modelarla utilizando estructuras claramente definidas, como bases de conocimiento y sistemas de inferencia. Sus principales características son:

▸ **Sistemas expertos**

Se desarrollan para resolver problemas específicos mediante la representación explícita de reglas que imitan el razonamiento humano en dominios concretos. Ejemplo: **MYCIN**, un sistema que diagnosticaba enfermedades infecciosas.

▼ **Lógica simbólica**

Utiliza proposiciones y relaciones simbólicas para realizar inferencias y resolver problemas. Este enfoque es particularmente efectivo en tareas donde el conocimiento puede formalizarse, como la resolución de problemas matemáticos.

▼ **Planificación y búsqueda**

Emplea algoritmos que exploran todas las posibles soluciones para encontrar la más adecuada, como los árboles de decisión y los grafos.

Aunque este enfoque tuvo un impacto significativo en las décadas de 1970 y 1980, enfrentó limitaciones debido a la dificultad de formalizar todos los aspectos de la inteligencia humana y su dependencia de reglas rígidas.

## 1.2.2.2 IA COMPUTACIONAL: INSPIRADA EN PROCESOS BIOLÓGICOS Y ESTADÍSTICOS

La **IA computacional** toma un enfoque diferente, inspirándose en cómo los organismos vivos procesan información para aprender y adaptarse. En lugar de reglas explícitas, esta rama utiliza algoritmos capaces de aprender patrones a partir de datos. Entre sus características destacan:

▼ **Redes neuronales artificiales**

Inspiradas en el funcionamiento del cerebro humano, estas redes simulan la interconexión de neuronas biológicas para procesar y analizar datos. Este modelo es la base del **deep learning**, que ha revolucionado áreas como la visión por computadora y el procesamiento del lenguaje natural.

▶ **Aprendizaje estadístico**

Utiliza técnicas como la regresión, la clasificación y los árboles de decisión para analizar grandes volúmenes de datos y realizar predicciones basadas en probabilidades.

▶ **Algoritmos genéticos**

Asados en el principio de evolución biológica, estos algoritmos buscan soluciones óptimas a problemas complejos mediante procesos de selección, mutación y recombinación.

▶ **Sistemas adaptativos**

En este enfoque, los algoritmos evolucionan y mejoran su desempeño con el tiempo, ajustándose a nuevas condiciones o datos.

La IA computacional ha ganado popularidad en las últimas décadas debido a su capacidad para resolver problemas complejos y no estructurados, donde los enfoques basados en reglas tradicionales fallan.

Vemos las diferencias clave entre los dos enfoques:

| Aspecto | IA convencional | IA computacional |
|---|---|---|
| **Base conceptual** | Reglas explícitas y lógica simbólica. | Patrones estadísticos y aprendizaje automático. |
| **Representación** | Conocimiento estructurado en bases de reglas. | Datos y modelos adaptativos. |
| **Ámbito de aplicación** | Problemas formales y estructurados. | Problemas no estructurados y análisis masivo de datos. |
| **Flexibilidad** | Limitada por las reglas predefinidas. | Alta, gracias a su capacidad de aprendizaje. |

Ambos enfoques han sido fundamentales para el desarrollo de la IA, pero en la actualidad predominan los sistemas basados en **IA computacional**, debido a su capacidad para adaptarse y escalar en un mundo impulsado por datos. Sin embargo, las metodologías convencionales siguen siendo relevantes en aplicaciones específicas donde el conocimiento está claramente definido.

## 1.3 IDENTIFICACIÓN DE LAS DIFERENTES TÉCNICAS PARA EL DESARROLLO DE LA IA

El desarrollo de la **Inteligencia Artificial (IA)** se basa en una variedad de técnicas que permiten diseñar y entrenar sistemas capaces de emular procesos cognitivos humanos. Estas técnicas comprenden desde enfoques clásicos basados en reglas y lógica hasta modelos avanzados que aprenden de datos masivos mediante algoritmos complejos. Para comprender cómo se estructura la IA, es esencial identificar las categorías en las que se clasifica y las técnicas utilizadas en su desarrollo.

### 1.3.1 Categorías de la Inteligencia Artificial

La **Inteligencia Artificial** se clasifica en varias categorías según su grado de complejidad, su capacidad de aprendizaje y el tipo de tareas que puede realizar. Estas categorías reflejan la evolución tecnológica y el nivel de autonomía que poseen los sistemas. A continuación, se presentan las principales:

1. **IA estrecha o débil (narrow AI)**

   Esta categoría incluye sistemas diseñados para realizar tareas específicas con un alto nivel de eficiencia, pero sin comprender el contexto completo. Son comunes en aplicaciones como asistentes virtuales (**Siri**, **Alexa**) y herramientas de recomendación (**Netflix**, **Amazon**). Aunque son muy avanzados, no poseen la capacidad de realizar tareas fuera de su dominio definido.

---

### ⓘ EJEMPLO

Un sistema de detección de fraudes bancarios que identifica transacciones sospechosas en tiempo real.

---

2. **IA general o fuerte (general AI)**

   Representa el ideal de la inteligencia artificial (sistemas capaces de realizar cualquier tarea intelectual que un humano pueda ejecutar, con capacidad de razonamiento, aprendizaje y adaptación en múltiples contextos). Este nivel de IA aún no se ha alcanzado, pero se encuentra en el centro de la investigación avanzada. Sería capaz de aprender y transferir conocimientos entre dominios, como un sistema que resuelve problemas de ingeniería y al mismo tiempo escribe poesía.

3. **Superinteligencia artificial (artificial superintelligence)**

   Se refiere a sistemas hipotéticos que superan ampliamente la inteligencia humana en todos los aspectos, incluidas habilidades creativas, de resolución de problemas y emocionales. Aunque este nivel de IA es más especulativo, plantea implicaciones éticas y filosóficas significativas. Si se desarrollara, la superinteligencia podría alterar profundamente las estructuras sociales, económicas y políticas.

4. **IA reactiva**

   Son sistemas básicos que responden a estímulos en tiempo real sin almacenar datos ni aprender de experiencias pasadas.

---

### ⓘ EJEMPLO

Programas de ajedrez como Deep Blue, que derrotó al campeón mundial Garry Kasparov en 1997.

5. **IA con memoria limitada**

Este tipo de IA utiliza datos históricos para mejorar las decisiones futuras. Es común en aplicaciones como los coches autónomos, que analizan el comportamiento de otros vehículos y su entorno para prever posibles escenarios.

6. **IA basada en teoría de la mente**

Aunque en desarrollo, esta categoría busca emular la capacidad humana de entender y predecir las emociones, intenciones y pensamientos de los demás. Sería fundamental en áreas como la atención al cliente o la psicología clínica.

7. **IA autoconsciente**

Representa un estado hipotético en el que los sistemas son conscientes de sí mismos, tienen emociones y pueden tomar decisiones éticas. Al igual que la superinteligencia, esta categoría pertenece al ámbito especulativo y plantea desafíos éticos.

## 1.3.2 Técnicas de Aprendizaje Automático

El **aprendizaje automático** (machine learning, ML) es una rama de la Inteligencia Artificial que permite a los sistemas aprender y mejorar automáticamente a partir de los datos sin necesidad de programarse explícitamente para cada tarea. Se basa en el desarrollo de algoritmos que identifican patrones en los datos y realizan predicciones o decisiones. Las técnicas de aprendizaje automático se dividen en tres enfoques principales, cada uno adaptado a diferentes tipos de problemas y datos.

### 1.3.2.1  APRENDIZAJE SUPERVISADO

El aprendizaje supervisado es una técnica en la que los algoritmos aprenden a partir de un conjunto de datos etiquetados, es decir, cada entrada está asociada a una salida conocida. El objetivo es entrenar al modelo para que generalice estas relaciones y realice predicciones sobre nuevos datos.

Sus características principales son las siguientes:

▸ Se requiere un conjunto de datos amplio y etiquetado.

▸ Es ideal para problemas donde las respuestas correctas ya son conocidas.

Sus aplicaciones comunes son:

▸ Clasificación:

Asignar etiquetas a categorías específicas, como clasificar correos electrónicos como "spam" o "no spam".

▸ Regresión:

Redecir valores numéricos, como el precio de una vivienda basado en características como ubicación o tamaño.

## 1.3.2.2 APRENDIZAJE NO SUPERVISADO

El aprendizaje no supervisado trabaja con datos no etiquetados, lo que significa que el sistema debe identificar patrones, estructuras o relaciones ocultas sin información previa sobre las respuestas correctas. Este enfoque es ideal para descubrir información nueva en los datos.

Sus características principales son las siguientes:

▼ No requiere datos etiquetados, lo que reduce el esfuerzo de preparación del conjunto de datos.

▼ Se enfoca en la exploración y segmentación de datos.

Por su parte, con respecto a sus aplicaciones comunes se incluyen:

▼ Agrupamiento (clustering): dividir datos en grupos similares, como segmentar clientes por comportamiento de compra.

▼ Reducción de dimensionalidad: simplificar conjuntos de datos complejos, como el uso de técnicas como PCA (Análisis de Componentes Principales) para visualizar datos de alta dimensión.

## 1.3.2.3 APRENDIZAJE POR REFUERZO

El aprendizaje por refuerzo es un enfoque inspirado en la forma en que los humanos aprenden a través de prueba y error. En este caso, un agente interactúa con un entorno, toma decisiones y recibe retroalimentación en forma de recompensas o castigos, con el objetivo de maximizar el beneficio acumulado a lo largo del tiempo.

Sus características principales son las siguientes:

▼ No requiere datos etiquetados previamente; el aprendizaje ocurre a través de la interacción con el entorno.

▼ Se enfoca en la toma de decisiones secuenciales.

Sus aplicaciones comunes incluyen:

▼ Juegos

Sistemas como **AlphaGo** que superan el desempeño humano en juegos complejos.

▼ Robótica:

Entrenar robots para realizar tareas específicas, como navegar en un espacio o ensamblar componentes.

Además de los enfoques tradicionales, se han desarrollado **técnicas híbridas** que combinan aspectos del aprendizaje supervisado, no supervisado y por refuerzo. Por ejemplo, el **aprendizaje semisupervisado** utiliza una combinación de datos etiquetados y no etiquetados para entrenar modelos, mientras que el **aprendizaje autosupervisado** genera etiquetas automáticamente a partir de los datos mismos.

## 1.3.3 Diferencias entre aprendizaje automático y aprendizaje profundo

El **aprendizaje automático** (o **machine learning**) es un subcampo de la **Inteligencia Artificial (IA)** que permite a los sistemas aprender y mejorar a partir de datos, sin ser explícitamente programados para cada tarea específica. Las **herramientas de aprendizaje automático** son recursos relevantes para organizaciones y profesionales que buscan analizar grandes volúmenes de datos, identificar patrones y realizar predicciones con precisión.

Tradicionalmente, trabajar con aprendizaje automático requería conocimientos avanzados en programación y estadística. Sin embargo, el desarrollo de **herramientas de aprendizaje automático sin código** ha hecho que esta tecnología esté al alcance de un público más amplio, permitiendo que personas sin experiencia en programación puedan crear y aplicar modelos de machine learning en sus proyectos.

### ⓘ REFLEXIÓN

**¿Puede una máquina «aprender» igual que un ser humano?**

Si bien las máquinas pueden aprender y adaptarse a datos, su "aprendizaje" está limitado a la información y patrones que se encuentran en esos datos. No poseen conciencia o creatividad, elementos clave en el aprendizaje humano. Sin embargo, en ciertas tareas, como el reconocimiento de imágenes, han demostrado ser incluso más eficientes que los humanos.

A través de algoritmos específicos, el sistema identifica patrones y toma decisiones sin necesidad de programación explícita para cada situación posible. Esto se logra mediante el uso de **modelos matemáticos** que se ajustan continuamente para mejorar su precisión.

### ⓘ DEFINICIÓN

**Aprendizaje Automático (Machine Learning):** Rama de la IA que permite a los sistemas aprender y mejorar automáticamente a partir de datos, sin ser explícitamente programados para cada tarea específica. Incluye técnicas de clasificación, regresión, clustering y detección de anomalías.

Como se ha introducido previamente, dentro del aprendizaje automático existen tres enfoques principales:

⯈ **Aprendizaje supervisado:**

Se entrena el modelo con datos etiquetados, es decir, cada entrada está asociada a una salida correcta. El modelo ajusta sus predicciones en base a estos ejemplos.

⯈ **Aprendizaje no supervisado**

En este caso, el modelo analiza datos sin etiquetas, buscando patrones o estructuras ocultas.

▼ **Aprendizaje por refuerzo**:

Este enfoque enseña al modelo a tomar decisiones mediante un sistema de recompensas y penalizaciones.

| Tipo de aprendizaje | Descripción básica | Objetivo principal | Ejemplos de aplicación |
|---|---|---|---|
| Aprendizaje supervisado | Utiliza datos etiquetados donde cada entrada tiene una salida correcta asociada. | Ajustar el modelo para hacer predicciones precisas. | Clasificación de imágenes, detección de fraudes, predicción de precios. |
| Aprendizaje no supervisado | Trabaja con datos sin etiquetas, buscando patrones o relaciones en los datos. | Identificar agrupamientos o patrones ocultos. | Segmentación de clientes, reducción de dimensionalidad, análisis de redes sociales. |
| Aprendizaje por refuerzo | Enseña al modelo a tomar decisiones a través de recompensas o penalizaciones. | Optimizar una secuencia de decisiones en base a un objetivo. | Juegos de estrategia, robótica autónoma, optimización de rutas. |

Aunque el **aprendizaje profundo (deep learning)** es un subcampo dentro del aprendizaje automático, existen diferencias clave entre ambos enfoques, especialmente en su complejidad, funcionamiento y aplicaciones. Entender estas diferencias es fundamental para seleccionar la técnica más adecuada según el tipo de problema y los recursos disponibles.

ⓘ **DEFINICIÓN**

**Aprendizaje Profundo (Deep Learning):** Subcampo del aprendizaje automático que utiliza redes neuronales profundas para modelar y procesar datos complejos. Se emplea en tareas avanzadas como reconocimiento de voz, procesamiento de lenguaje natural y visión por computadora.

A continuación, vemos las diferencias.

## 1.3.3.1 ESTRUCTURA Y ENFOQUE DE LOS MODELOS

El aprendizaje automático abarca una amplia variedad de algoritmos, como regresión lineal, árboles de decisión, máquinas de soporte vectorial (SVM) y k-means. Estos algoritmos son más simples en su estructura y no requieren un procesamiento excesivo. En contraste, el aprendizaje profundo utiliza **redes neuronales artificiales**, que están inspiradas en el funcionamiento del cerebro humano. Estas redes, particularmente las **redes neuronales profundas**, están formadas por múltiples capas (de ahí el término "profundo") que procesan y transforman los datos a lo largo de la red.

> ### ⓘ EJEMPLO
>
> En aprendizaje automático, un modelo supervisado podría predecir el precio de una vivienda en función de características como el tamaño o la ubicación. En aprendizaje profundo, una red neuronal podría analizar imágenes de las casas para hacer una predicción basada en características visuales.

## 1.3.3.2 REQUISITOS DE DATOS

El aprendizaje automático tradicional funciona bien con conjuntos de datos más pequeños y estructurados, donde las características relevantes están predefinidas y claramente identificadas. Por otro lado, el aprendizaje profundo requiere grandes volúmenes de datos no estructurados, como imágenes, texto o vídeos, para entrenar sus complejas redes neuronales de manera efectiva.

Si bien el aprendizaje automático depende de la selección manual de características (feature engineering), el aprendizaje profundo aprende automáticamente las características relevantes directamente de los datos.

### 1.3.3.3  PROCESAMIENTO Y CAPACIDAD COMPUTACIONAL

El aprendizaje automático es menos exigente en términos de recursos computacionales y puede ejecutarse en máquinas estándar. Por el contrario, el aprendizaje profundo requiere hardware especializado, como **GPUs** y **TPUs**, debido a la enorme cantidad de cálculos necesarios para entrenar redes profundas.

Mientras que un modelo de aprendizaje automático puede entrenarse en un ordenador portátil, entrenar una red neuronal profunda podría requerir días o semanas en un clúster de servidores con GPUs.

### 1.3.3.4  COMPLEJIDAD Y APLICABILIDAD

El aprendizaje automático se aplica con frecuencia en problemas bien definidos y específicos, donde los datos están estructurados y el resultado es predecible. En cambio, el aprendizaje profundo es más adecuado para tareas complejas y no estructuradas, como el reconocimiento facial, la traducción automática de idiomas y la generación de contenido.

> **ⓘ EJEMPLO**
>
> Un sistema de aprendizaje automático podría analizar los registros de ventas de una tienda para predecir el inventario necesario, mientras que un sistema de aprendizaje profundo podría interpretar imágenes de cámaras de seguridad para identificar comportamientos sospechosos.

### 1.3.3.5  INTERPRETABILIDAD

Los modelos de aprendizaje automático son generalmente más interpretables y fáciles de entender, ya que sus predicciones se basan en relaciones simples entre las variables. En el caso del aprendizaje profundo, las decisiones del modelo suelen ser consideradas como una "caja negra", lo que dificulta la explicación de cómo se llegó a una conclusión específica.

Esta diferencia es especialmente relevante en áreas como la medicina o el derecho, donde la interpretabilidad del modelo es esencial para garantizar la confianza en sus resultados.

Por lo tanto, un resumen de sus principales diferencias es el siguiente:

| Aspecto | Aprendizaje automático | Aprendizaje profundo |
|---|---|---|
| Estructura | Algoritmos simples como regresión y árboles de decisión. | Redes neuronales profundas con múltiples capas. |
| Datos necesarios | Conjuntos de datos más pequeños y estructurados. | Grandes volúmenes de datos no estructurados. |
| Capacidad computacional | Menos exigente; puede ejecutarse en máquinas estándar. | Requiere GPUs/ TPUs para entrenar modelos complejos. |
| Aplicaciones | Problemas bien definidos, como predicciones o clasificación. | Tareas complejas como visión por computadora y procesamiento del lenguaje. |
| Interpretabilidad | Alta, debido a su estructura más sencilla. | Baja; considerado una "caja negra". |

Tanto el aprendizaje automático como el aprendizaje profundo tienen sus propias fortalezas y limitaciones. Mientras que el aprendizaje automático es ideal para tareas estructuradas y de menor escala, el aprendizaje profundo es indispensable para resolver problemas complejos y trabajar con grandes volúmenes de datos no estructurados. La elección entre ambos dependerá de los objetivos del proyecto, los recursos disponibles y la naturaleza de los datos.

## 1.3.4 Tecnologías de Apoyo. Interfaces de usuario. Visión artificial

El desarrollo de la **Inteligencia Artificial (IA)** se complementa con tecnologías de apoyo que facilitan la interacción entre los usuarios y los sistemas, así como la capacidad de analizar e interpretar información visual. Estas tecnologías incluyen **interfaces de usuario** avanzadas y soluciones de **visión artificial**, las cuales desempeñan un papel esencial en la usabilidad y efectividad de las aplicaciones de IA

Las **interfaces de usuario** son los puntos de contacto entre las personas y los sistemas de IA Su diseño y funcionalidad influyen directamente en la experiencia del usuario y en la adopción de la tecnología. Con la evolución de la IA, las interfaces han pasado de ser estáticas a incluir componentes interactivos e inteligentes. Los tipos de interfaces son:

1. **Interfaces conversacionales**: utilizan el **Procesamiento de Lenguaje Natural (NLP)** para permitir interacciones fluidas mediante texto o voz. Ejemplos comunes son los **chatbots** y los **asistentes virtuales** como **Alexa** o **Google Assistant**.

2. **Interfaces visuales inteligentes**:

3. Integran elementos de visión artificial, como el reconocimiento facial o el análisis de gestos, para ofrecer interacciones más naturales.

4. **Realidad aumentada y virtual (AR/VR)**:

   Estas interfaces, potenciadas por la IA, permiten la interacción inmersiva con entornos generados digitalmente, utilizados en sectores como la formación, el marketing y el entretenimiento.

Los aspectos más importantes en su diseño son:

- Deben ser intuitivas y accesibles para garantizar la usabilidad.

- Incorporan aprendizaje adaptativo para personalizar la experiencia del usuario.

- En contextos críticos, como la atención médica, su diseño debe priorizar la claridad y la precisión.

Por su parte, la visión artificial, o **computer vision**, es una tecnología que permite a los sistemas de IA interpretar, analizar y actuar sobre datos visuales, como imágenes y vídeos. Inspirada en la forma en que los humanos perciben el mundo, esta tecnología utiliza modelos avanzados de aprendizaje profundo para extraer información significativa.

La visión artificial tiene una serie de aplicaciones:

1. **Reconocimiento facial**:

   Usado en seguridad, marketing personalizado y control de accesos. Por ejemplo, los sistemas biométricos en aeropuertos.

2. **Análisis de imágenes y vídeos**:

   Utilizado en sectores como la salud, para detectar enfermedades a partir de imágenes médicas, y en el comercio, para el análisis de productos en tiempo real.

3. **Detección de objetos**:

   Esencial en vehículos autónomos, donde los algoritmos identifican peatones, señales de tráfico y otros vehículos para garantizar la seguridad.

4. **Análisis de movimiento y gestos**:

   Usado en interfaces basadas en cámaras, como en videojuegos interactivos o en aplicaciones de telemedicina.

> **ⓘ NOTA**
>
> La visión artificial:
>
> Divide una imagen en partes significativas para identificar objetos individuales.
>
> Encuentra similitudes en conjuntos de imágenes para realizar tareas como clasificación o etiquetado.
>
> Monitorea el movimiento de objetos en un vídeo, una función crítica en sistemas de vigilancia y análisis deportivo.

La combinación de interfaces avanzadas y visión artificial permite crear sistemas inteligentes que son más accesibles, funcionales y efectivos. Por ejemplo, en el comercio minorista, las **interfaces visuales basadas en visión artificial** pueden identificar clientes al entrar en la tienda, analizar su comportamiento y proporcionar recomendaciones personalizadas en pantallas interactivas. En la industria de la salud, un asistente virtual integrado con visión artificial podría analizar imágenes médicas y explicar los resultados al paciente mediante una interfaz conversacional.

Aunque estas tecnologías aportan grandes beneficios, también presentan desafíos importantes:

- ▸ Tecnologías como el reconocimiento facial plantean preocupaciones éticas y legales sobre la recopilación y el uso de datos personales.

- ▸ Las interfaces deben diseñarse considerando a todos los usuarios, incluidas personas con discapacidades.

- ▸ La visión artificial y las interfaces avanzadas requieren altos recursos de procesamiento, lo que puede limitar su implementación en dispositivos más simples.

## 1.4 ÁMBITOS DE APLICACIÓN DE LA IA

La Inteligencia Artificial (IA) ha transformado numerosos sectores, adaptándose a diferentes contextos gracias a su capacidad para automatizar procesos, analizar grandes volúmenes de datos y ofrecer soluciones personalizadas. Desde la optimización de tareas operativas hasta la creación de experiencias únicas para los usuarios, los ámbitos de aplicación de la IA son amplios y diversos, impactando áreas como el comercio, la salud, la educación y la industria.

### 1.4.1 Aplicaciones actuales basadas en IA aplicaciones prácticas

Las aplicaciones actuales de IA se destacan por su capacidad para abordar problemas complejos y optimizar procesos en tiempo real. Estas soluciones prácticas han permitido a las empresas y organizaciones mejorar su eficiencia, reducir costos y ofrecer productos y servicios más adaptados a las necesidades de los usuarios. A continuación, vemos las áreas clave y aplicaciones prácticas:

#### 1.4.1.1 MARKETING Y COMERCIO ELECTRÓNICO

La IA ha revolucionado el marketing digital y el comercio electrónico mediante la personalización y automatización. En este sentido, se enfoca en tres aspectos fundamentales:

▸ **Recomendadores de productos**:

Plataformas como **Amazon** y **Netflix** utilizan algoritmos para analizar el comportamiento del usuario y ofrecer recomendaciones personalizadas.

▸ **Publicidad programática**:

Herramientas como **Google Ads** optimizan campañas publicitarias basándose en datos de audiencia en tiempo real.

▸ **Análisis predictivo**:

Permite anticipar tendencias y comportamientos del consumidor, mejorando la toma de decisiones estratégicas.

## 1.4.1.2  SALUD

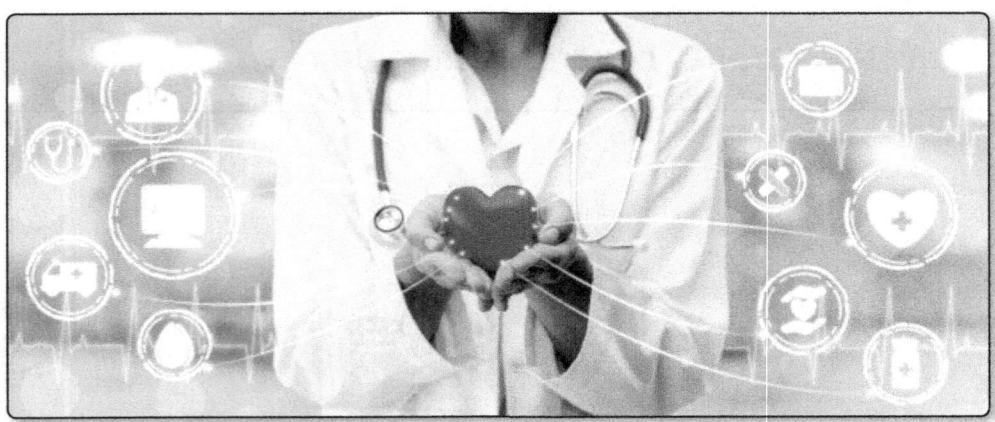

En el sector médico, la IA ha facilitado diagnósticos más rápidos y precisos, así como tratamientos personalizados. Destacan los siguientes aspectos:

▼ **Análisis de imágenes médicas**:

Sistemas como **IBM Watson Health** identifican anomalías en imágenes de rayos X o resonancias magnéticas:

▼ **Asistentes virtuales para pacientes**:

Aplicaciones como **Ada Health** ofrecen orientación médica inicial mediante interfaces conversacionales:

▸ **Desarrollo de fármacos**:

Algoritmos que aceleran la identificación de compuestos químicos con potencial terapéutico.

## 1.4.1.3  AUTOMOCIÓN Y TRANSPORTE

La conducción autónoma y la gestión logística son áreas donde la IA ha demostrado su eficacia:

▸ **Coches autónomos**:

Empresas como **Tesla** y **Waymo** utilizan visión artificial y aprendizaje profundo para la navegación y la seguridad en carretera.

▸ **Optimización de rutas**:

Algoritmos que mejoran la eficiencia en la distribución, reduciendo tiempos y costos.

▸ **Gestión de tráfico inteligente**:

Sistemas que ajustan los semáforos en tiempo real para reducir congestiones.

## 1.4.1.4  EDUCACIÓN

La IA ha mejorado los procesos educativos, ofreciendo experiencias personalizadas y recursos adaptados, mediante:

▶ **Plataformas de aprendizaje adaptativo**:

Herramientas como **Knewton** ajustan el contenido educativo según las necesidades del estudiante.

▶ **Evaluación automatizada**:

Algoritmos que califican exámenes y ofrecen retroalimentación en tiempo real.

▶ **Chatbots educativos**:

Asistentes que responden dudas y ayudan en el aprendizaje fuera del aula.

## 1.4.1.5   INDUSTRIA Y MANUFACTURA

La implementación de IA en la industria ha impulsado la automatización y el control de calidad. En este sector, destaca por lo siguiente:

▸ **Mantenimiento predictivo**:

Sistemas que analizan datos de máquinas para anticipar fallos y reducir tiempos de inactividad.

▸ **Robótica avanzada**:

Robots colaborativos (cobots) que trabajan junto a humanos en líneas de producción.

▸ **Optimización de procesos**:

Algoritmos que ajustan dinámicamente las cadenas de suministro según la demanda.

## 1.4.1.6 SEGURIDAD Y DEFENSA

La IA contribuye a la detección de amenazas y a la protección de infraestructuras críticas, a partir de:

▸ **Análisis de ciberseguridad**:

Identificación de ataques en tiempo real mediante el monitoreo de patrones de comportamiento.

▸ **Reconocimiento facial**:

Sistemas implementados en aeropuertos y áreas de alta seguridad para el control de accesos.

▸ **Drones autónomos**:

Utilizados para vigilancia y operaciones tácticas.

## 1.4.2 Resolución de problemas mediante aplicaciones IA

La **Inteligencia Artificial (IA)** se ha convertido en una herramienta clave para resolver problemas complejos que antes requerían una gran cantidad de tiempo, recursos y esfuerzo humano. Gracias a su capacidad para procesar y analizar grandes volúmenes de datos, identificar patrones y realizar predicciones, la IA puede abordar desafíos en múltiples sectores de manera eficiente, rápida y precisa.

**¿Cómo resuelve problemas la Inteligencia Artificial?**

1. **Automatización de tareas repetitivas y tediosas**:

   La IA se utiliza para automatizar tareas rutinarias, liberando a los equipos humanos para que se concentren en actividades de mayor valor estratégico.

### ⓘ EJEMPLO

En la industria, los algoritmos de IA supervisan líneas de producción, identificando defectos en tiempo real y minimizando el desperdicio.

2. **Análisis predictivo**:

   Los modelos de aprendizaje automático permiten predecir tendencias y comportamientos futuros basándose en datos históricos.

### ⓘ EJEMPLO

En la logística, se utilizan sistemas predictivos para estimar la demanda y ajustar inventarios, reduciendo costos y optimizando la disponibilidad de productos.

3. **Identificación y solución de problemas en tiempo real**:

La IA puede monitorear procesos y detectar anomalías que podrían convertirse en fallos importantes, activando soluciones automáticas o alertas preventivas.

**ⓘ EJEMPLO**

En ciberseguridad, los sistemas basados en IA analizan patrones de tráfico en redes para identificar ataques antes de que ocurran.

4. **Personalización y adaptación de soluciones**:

La capacidad de la IA para adaptar sus respuestas a las necesidades específicas de los usuarios es clave en sectores como el marketing y la educación.

**ⓘ EJEMPLO**

En plataformas de aprendizaje online, los algoritmos ajustan los contenidos y métodos de enseñanza según el progreso y las necesidades individuales de los estudiantes.

5. **Optimización de recursos**:

Los algoritmos de optimización permiten mejorar la asignación y el uso de recursos en tiempo real.

**ⓘ EJEMPLO**

En los sistemas de transporte urbano, la IA optimiza las rutas de autobuses y ajusta la frecuencia según los niveles de tráfico y la demanda de los usuarios.

6. **Resolución de problemas no estructurados**:

A través de técnicas como el procesamiento de lenguaje natural (NLP) y la visión artificial, la IA puede abordar problemas que involucran datos no estructurados como texto, imágenes y vídeos.

### ⓘ EJEMPLO

En el sector legal, se utilizan herramientas de NLP para analizar grandes volúmenes de documentos legales, extrayendo información relevante en minutos.

La resolución de problemas con IA suele seguir un enfoque sistemático que incluye las siguientes etapas:

1. **Definición del problema**:

Identificar el objetivo específico, los desafíos y las métricas de éxito.

2. **Recopilación y preparación de datos**:

Reunir datos relevantes y limpiarlos para eliminar errores o redundancias.

3. **Selección de la técnica de IA**:

Elegir el enfoque más adecuado (supervisado, no supervisado o por refuerzo) según la naturaleza del problema.

4. **Entrenamiento del modelo**:

Entrenar los algoritmos con datos disponibles, optimizando sus parámetros para mejorar su precisión.

5. **Evaluación y validación**:

Probar el modelo con datos nuevos para verificar su capacidad de generalización y efectividad.

6. **Implementación y monitoreo**:

   Desplegar la solución y supervisar su desempeño para realizar ajustes continuos.

## 1.4.3 Contexto para el uso de herramientas de IA

El uso de **herramientas de Inteligencia Artificial (IA)** está condicionado por una serie de factores que influyen en su adopción, desarrollo y aplicación en diferentes sectores. Estos factores incluyen el avance tecnológico, la disponibilidad de datos, las regulaciones legales, la aceptación social y la infraestructura necesaria para su implementación. Comprender el contexto en el que se utilizan estas herramientas es fundamental para maximizar su potencial y garantizar su uso responsable y efectivo.

El contexto en el que se aplican las herramientas de IA está definido por diversos aspectos que condicionan su efectividad y viabilidad:

a) **Disponibilidad y calidad de los datos:**

   la IA se basa en el análisis de datos para generar conocimiento y tomar decisiones. Sin datos adecuados, los modelos pueden producir resultados inexactos o sesgados. La calidad de los datos es fundamental para asegurar la fiabilidad de las soluciones de IA

### ⓘ EJEMPLO

En el comercio electrónico, los algoritmos de recomendación requieren datos sobre el historial de compras y preferencias de los usuarios para ofrecer sugerencias personalizadas.

b) **Avances en infraestructura tecnológica:**

   La implementación de herramientas de IA depende del acceso a **infraestructura computacional robusta**, incluyendo servidores en la nube, procesamiento paralelo con GPUs/TPUs y conectividad de alta velocidad. La capacidad de almacenamiento y procesamiento es clave para el entrenamiento y despliegue de modelos de IA

### ⓘ EJEMPLO

Empresas como Google y Microsoft han desarrollado plataformas de IA en la nube para facilitar el acceso a tecnologías avanzadas sin necesidad de grandes inversiones en hardware.

c) **Regulaciones y normativas legales:**

El uso de herramientas de IA está sujeto a marcos normativos que regulan la privacidad, la seguridad de los datos y la transparencia de los algoritmos. Legislaciones como el **Reglamento General de Protección de Datos (GDPR)** en Europa y la **Ley Orgánica 3/2018 de Protección de Datos en España** establecen pautas para garantizar el uso ético de la información.

### ⓘ NOTA

Las empresas que implementan IA deben asegurarse de cumplir con normativas para evitar sanciones y proteger los derechos de los usuarios.

d) **Aceptación y confianza del usuario:**

El éxito de una herramienta de IA no solo depende de su precisión, sino también de la percepción del usuario. La confianza en la tecnología es fundamental para su adopción en sectores como la salud, el marketing y la educación.

### ⓘ EJEMPLO

Un asistente virtual de servicio al cliente debe demostrar confiabilidad y precisión en sus respuestas para generar confianza entre los usuarios.

e) **Impacto ético y social:**

El uso de IA plantea preguntas sobre el **impacto en el empleo**, la toma de decisiones autónoma y el sesgo algorítmico. La adopción responsable de la IA implica diseñar soluciones que sean inclusivas, transparentes y que no perpetúen discriminación.

---

### ⓘ EJEMPLO

Algoritmos de selección de personal pueden reflejar sesgos si están entrenados con datos que favorecen ciertos perfiles demográficos.

---

Las herramientas de IA tienen aplicaciones en múltiples industrias, pero su uso varía según las necesidades y regulaciones de cada sector:

| Sector | Ejemplo de herramienta de IA | Finalidad |
|---|---|---|
| Salud | IA para diagnóstico médico. | Detectar enfermedades a partir de imágenes médicas y mejorar la precisión de los diagnósticos. |
| Educación | Plataformas de aprendizaje adaptativo. | Personalizar contenidos educativos según el progreso del estudiante. |
| Finanzas | Algoritmos de detección de fraude. | Analizar patrones de transacciones para identificar actividades sospechosas. |
| Marketing | Sistemas de publicidad programática. | Optimizar la compra de anuncios en tiempo real para maximizar la conversión. |
| Industria | Mantenimiento predictivo. | Prevenir fallos en maquinarias mediante el análisis de datos operativos. |

El contexto para la aplicación de IA está en constante evolución, impulsado por innovaciones tecnológicas y nuevas regulaciones.

Algunas de las tendencias más relevantes incluyen:

► **Expansión del uso de IA explicativa**:

Desarrollo de modelos más transparentes y comprensibles para mejorar la confianza del usuario.

► **Mayor integración con IoT (Internet de las Cosas)**:

Sistemas inteligentes que optimizan procesos en tiempo real mediante la combinación de sensores y aprendizaje automático.

► **Desarrollo de IA sostenible**:

Creación de modelos eficientes que reduzcan el consumo energético y optimicen el uso de recursos computacionales.

► **Regulación más estricta**:

Nuevas leyes enfocadas en la **ética de la IA** y el **control del sesgo algorítmico**.

## ⓘ LEGISLACIÓN

**Reglamento de la Unión Europea sobre Inteligencia Artificial (Ley de IA)**: propone una clasificación de riesgos para los sistemas de IA, exigiendo mayor control en aquellos que pueden afectar derechos fundamentales, como los utilizados en contratación laboral o en justicia.

**Ley Orgánica 3/2018 de Protección de Datos y Garantía de los Derechos Digitales (España)**: regula el tratamiento automatizado de datos personales, estableciendo el derecho de los ciudadanos a no someterse a decisiones basadas exclusivamente en algoritmos.

**Reglamento General de Protección de Datos (GDPR–UE)**: exige que los algoritmos sean explicables y que los usuarios puedan impugnar decisiones tomadas de forma automatizada.

## 1.4.4 Requerimientos y limitaciones de las aplicaciones basadas en IA

Las **aplicaciones de Inteligencia Artificial (IA)** requieren una serie de condiciones técnicas, organizativas y normativas para su desarrollo e implementación efectiva. Al mismo tiempo, presentan ciertas **limitaciones** que pueden afectar su desempeño y su adopción en diferentes sectores. Comprender estos aspectos es esencial para garantizar el uso adecuado y responsable de la tecnología.

Las aplicaciones basadas en IA dependen de diversos elementos para su funcionamiento óptimo. Estos incluyen infraestructura tecnológica, calidad de los datos, talento especializado y cumplimiento normativo.

### 1.4.4.1 INFRAESTRUCTURA COMPUTACIONAL

El entrenamiento y ejecución de modelos de IA requieren un alto poder de cómputo y almacenamiento de datos. Para ello, es fundamental contar con:

▸ **Hardware especializado**:

Procesadores de alto rendimiento, como **GPUs** y **TPUs**, utilizados para tareas de aprendizaje profundo.

▸ **Infraestructura en la nube**:

Plataformas como **Google Cloud AI, AWS AI y Microsoft Azure AI** ofrecen entornos escalables para el desarrollo de modelos.

▸ **Capacidad de almacenamiento**:

Bases de datos optimizadas y sistemas de almacenamiento distribuidos para manejar grandes volúmenes de información.

---

### ⓘ EJEMPLO

Una empresa de comercio electrónico que utiliza IA para recomendaciones de productos necesita servidores con suficiente capacidad para procesar millones de transacciones diarias en tiempo real.

---

## 1.4.4.2 CALIDAD Y DISPONIBILIDAD DE LOS DATOS

La IA aprende a partir de datos, por lo que la precisión de los modelos depende de la calidad y representatividad de la información utilizada. Los requerimientos clave incluyen:

▸ **Grandes volúmenes de datos**:

Los modelos necesitan conjuntos de datos amplios para identificar patrones y hacer predicciones precisas.

▸ **Datos limpios y estructurados**:

La eliminación de duplicados, errores y valores inconsistentes mejora la confiabilidad de los resultados.

▰ **Fuentes de datos diversas**:

La integración de múltiples fuentes reduce sesgos y proporciona una visión más completa.

---

ⓘ **EJEMPLO**

Un sistema de IA para detección de fraudes bancarios debe entrenarse con datos de transacciones de distintas entidades financieras para mejorar su capacidad de identificación.

---

### 1.4.4.3 TALENTO ESPECIALIZADO

El desarrollo e implementación de soluciones de IA requieren equipos multidisciplinarios con conocimientos en:

▰ **Aprendizaje automático y deep learning.**

▰ **Ingeniería de datos y ciencia de datos.**

▰ **Ciberseguridad y protección de la privacidad.**

▰ **Ética y regulaciones de IA.**

---

ⓘ **EJEMPLO**

Un hospital que implementa IA para diagnóstico médico necesita expertos en visión por computadora, profesionales en salud y especialistas en normativas de datos.

---

### 1.4.4.4 REGULACIONES Y CUMPLIMIENTO LEGAL

Las aplicaciones de IA deben alinearse con normativas que garanticen su uso responsable, evitando impactos negativos en los derechos de los ciudadanos.

Esto incluye:

▶ **Protección de datos personales**:

Cumplimiento de normativas como el **GDPR** en Europa o la **Ley Orgánica 3/2018** en España.

▶ **Transparencia y explicabilidad**:

Sistemas que permitan auditar y comprender las decisiones algorítmicas.

▶ **Mitigación de sesgos**:

Desarrollo de modelos justos que no discriminen por género, raza u otros factores sensibles.

ⓘ EJEMPLO

Un sistema de selección de personal basado en IA debe garantizar que no excluye candidatos de manera injusta por sesgos en los datos de entrenamiento.

A pesar de sus avances, la IA enfrenta **barreras técnicas, económicas y éticas** que pueden afectar su implementación.

## 1.4.4.5 DEPENDENCIA DE GRANDES VOLÚMENES DE DATOS

Las aplicaciones de IA requieren datos masivos para entrenar modelos precisos, lo que plantea desafíos en términos de acceso, almacenamiento y procesamiento.

ⓘ EJEMPLO

Una empresa de seguros que quiere usar IA para evaluar riesgos necesita datos de años anteriores, lo que puede ser costoso y difícil de obtener.

## 1.4.4.6 COMPLEJIDAD EN LA INTERPRETABILIDAD

Los modelos de aprendizaje profundo son frecuentemente considerados **"cajas negras"**, ya que es difícil entender cómo llegan a una decisión.

### ⓘ EJEMPLO

En aplicaciones médicas, los doctores necesitan comprender por qué un sistema de IA sugiere un diagnóstico para confiar en sus resultados.

## 1.4.4.7 RIESGOS DE SESGO Y DISCRIMINACIÓN

Si los datos con los que se entrena la IA contienen prejuicios, los modelos pueden perpetuar discriminaciones.

### ⓘ EJEMPLO

Un algoritmo de aprobación de préstamos basado en datos históricos podría discriminar a ciertos grupos si los datos reflejan prácticas bancarias injustas.

## 1.4.4.8 ALTO CONSUMO DE RECURSOS COMPUTACIONALES

El entrenamiento de modelos complejos requiere grandes cantidades de energía y hardware especializado, lo que puede ser costoso y poco sostenible.

### ⓘ EJEMPLO

Modelos avanzados como GPT-4 requieren cientos de GPUs para su entrenamiento, lo que implica un alto consumo energético.

### 1.4.4.9 LIMITACIONES EN LA TOMA DE DECISIONES AUTÓNOMAS

A pesar de sus capacidades, la IA aún no puede sustituir completamente la toma de decisiones humanas en muchos contextos críticos.

> **ⓘ EJEMPLO**
>
> En el ámbito legal, la IA puede analizar documentos jurídicos, pero la interpretación de leyes y la toma de decisiones judiciales siguen requiriendo intervención humana.

## 1.5 CONTEXTO ÉTICO Y LEGAL DE LA INTELIGENCIA ARTIFICIAL

El desarrollo y la implementación de la **Inteligencia Artificial (IA)** han generado numerosos debates éticos y legales debido a su creciente autonomía y capacidad de toma de decisiones. A medida que la IA se integra en más aspectos de la sociedad, surgen interrogantes sobre sus implicaciones en la privacidad, la equidad, la seguridad y los derechos humanos.

El contexto ético de la IA se centra en garantizar que sus aplicaciones sean transparentes, equitativas y responsables, minimizando los sesgos y el impacto negativo en la sociedad. Al mismo tiempo, el marco legal busca regular su uso, estableciendo normas para proteger la privacidad y los derechos de los ciudadanos frente a la automatización y la recopilación de datos masivos.

Uno de los desafíos más complejos dentro de la ética de la IA es la discusión sobre su capacidad de desarrollar conciencia y sentimientos, lo que plantea cuestiones filosóficas y jurídicas sobre la autonomía y la responsabilidad de los sistemas inteligentes.

## 1.5.1 La Inteligencia Artificial, la conciencia y los sentimientos

A pesar de los avances en el desarrollo de la IA, sigue existiendo una **gran diferencia entre la Inteligencia Artificial y la inteligencia humana**. Actualmente, los sistemas de IA son altamente eficientes en la ejecución de tareas específicas, pero carecen de **conciencia, emociones reales y una comprensión subjetiva del mundo**.

### ¿Puede la IA desarrollar conciencia?

La conciencia se define como la capacidad de un ser para experimentar pensamientos, emociones y autoconciencia. En la actualidad, **ningún sistema de IA ha alcanzado un estado de conciencia real**. Aunque los algoritmos pueden procesar información y simular respuestas emocionales, estas son simplemente patrones de datos sin una verdadera comprensión del significado detrás de ellos.

> ### ⓘ EJEMPLO
>
> Un chatbot avanzado, como ChatGPT, puede mantener conversaciones que parecen naturales y empáticas, pero no siente emociones ni comprende realmente lo que dice. Sus respuestas se basan en modelos matemáticos que identifican patrones en grandes volúmenes de datos.

Algunos sistemas de IA están diseñados para reconocer y responder a emociones humanas utilizando tecnologías como **el procesamiento de lenguaje natural (NLP) y la visión artificial**. Estas aplicaciones son útiles en la atención al cliente, la terapia digital y la educación personalizada. Sin embargo, la IA no siente emociones; simplemente **detecta señales emocionales** en el tono de voz, las expresiones faciales o las palabras utilizadas por un usuario.

| Aspecto | IA actual | Conciencia humana |
|---|---|---|
| Procesamiento de emociones | Simulación basada en patrones de datos. | Emociones reales basadas en experiencias subjetivas. |
| Autoconciencia | No tiene sentido del "yo" ni intenciones propias. | Capacidad de reflexionar sobre uno mismo. |
| Toma de decisiones | Basada en cálculos matemáticos y reglas programadas. | Influida por emociones, intuición y experiencias previas. |

Si en el futuro la IA lograra desarrollar algún tipo de conciencia, surgirían nuevas preocupaciones éticas y legales:

▰ **Derechos y responsabilidades**:

¿Tendría una IA consciente derechos similares a los humanos o a los animales?

▰ **Autonomía y control**:

¿Podría tomar decisiones sin supervisión humana? ¿Cómo se establecerían sus límites?

▰ **Uso en entornos críticos**:

¿Sería ético permitir que una IA consciente tome decisiones en la medicina, la justicia o la guerra?

Para evitar el uso irresponsable de la IA en decisiones que afecten a las personas, los marcos legales han comenzado a establecer restricciones sobre la autonomía de los sistemas inteligentes. Algunas de las principales regulaciones incluyen:

▰ **El Reglamento de IA de la Unión Europea**

Que clasifica los sistemas de IA según su nivel de riesgo y prohíbe aquellos que puedan manipular el comportamiento humano sin su consentimiento.

▶ **Las directrices de la UNESCO sobre la ética de la IA**

Que enfatizan la necesidad de desarrollar tecnología que respete la dignidad humana y evite discriminación.

## 1.5.2 Corrientes críticas

El avance de la **Inteligencia Artificial (IA)** ha generado tanto entusiasmo como preocupación en la sociedad. Si bien esta tecnología ha demostrado ser una herramienta poderosa para la automatización, la predicción y la personalización en múltiples sectores, también ha sido objeto de diversas **corrientes críticas** que cuestionan su impacto en el empleo, la privacidad, la seguridad, la ética y la autonomía humana.

Las críticas a la IA provienen de diferentes enfoques, incluyendo perspectivas filosóficas, sociales, económicas y tecnológicas. A continuación, se presentan las principales corrientes críticas que han emergido en torno al desarrollo y uso de la inteligencia artificial.

### 1.5.2.1 CRÍTICA AL IMPACTO EN EL EMPLEO Y LA ECONOMÍA

Una de las preocupaciones más debatidas es el **reemplazo de puestos de trabajo** debido a la automatización impulsada por la IA A medida que los sistemas inteligentes se vuelven más sofisticados, muchas tareas antes realizadas por humanos han sido asumidas por algoritmos y robots.

▶ **Riesgo de desempleo tecnológico**:

La automatización en sectores como la manufactura, la atención al cliente y la logística ha llevado a una reducción en la demanda de trabajadores humanos.

▶ **Desigualdad económica**:

El acceso a la IA favorece principalmente a grandes corporaciones con capacidad de inversión, lo que podría ampliar la brecha entre países y empresas con menor acceso a la tecnología.

⚑ **Transformación del mercado laboral**:

Si bien se pierden empleos en algunas áreas, también surgen nuevas oportunidades en la gestión y desarrollo de sistemas de IA, lo que requiere una reconversión de habilidades en la fuerza laboral.

---

### ⓘ EJEMPLO

Empresas como Amazon han implementado sistemas de automatización en almacenes, reduciendo la necesidad de trabajadores en tareas de logística, pero aumentando la demanda de ingenieros en robótica e inteligencia artificial.

---

## 1.5.2.2  CRÍTICA A LA FALTA DE TRANSPARENCIA Y EL SESGO ALGORÍTMICO

El uso de IA en la toma de decisiones ha sido cuestionado por la falta de transparencia en sus modelos y la posibilidad de sesgos que refuercen desigualdades existentes.

⚑ **"Caja negra" de la IA**:

Muchos algoritmos de aprendizaje profundo operan de manera opaca, lo que significa que ni siquiera sus creadores pueden explicar exactamente cómo llegan a ciertas conclusiones.

⚑ **Discriminación algorítmica**:

Si los modelos son entrenados con datos sesgados, pueden perpetuar discriminaciones en ámbitos como la selección de personal, la concesión de préstamos o el sistema judicial.

⚑ **Falta de rendición de cuentas**:

Cuando una decisión errónea es tomada por un sistema de IA, es difícil determinar quién es responsable del error: el programador, la empresa o la propia tecnología.

## ⓘ EJEMPLO

Algoritmos utilizados por bancos han mostrado sesgos al aprobar créditos, favoreciendo a ciertos grupos demográficos sobre otros debido a datos históricos discriminatorios.

### 1.5.2.3  CRÍTICA A LA VIGILANCIA MASIVA Y LA PÉRDIDA DE PRIVACIDAD

Los sistemas de IA han sido ampliamente utilizados en la recopilación y análisis de datos personales, generando preocupaciones sobre la **privacidad** y el **derecho a la intimidad**.

⚐ **Uso de datos sin consentimiento**:

Muchas empresas y gobiernos han sido criticados por la recopilación masiva de datos sin la autorización explícita de los usuarios.

⚐ **Reconocimiento facial y vigilancia estatal**:

El uso de IA en sistemas de vigilancia ha sido cuestionado por su potencial para restringir libertades individuales.

⚐ **Manipulación de la información**:

La IA puede utilizarse para generar contenido falso (deepfakes) o para la personalización excesiva de información en redes sociales, influyendo en la percepción de la realidad.

## ⓘ EJEMPLO

En China, el uso de sistemas de vigilancia basados en reconocimiento facial ha sido criticado por permitir un control masivo de la población sin su consentimiento explícito.

## 1.5.2.4 CRÍTICA AL USO MILITAR Y LA AUTONOMÍA DE SISTEMAS DE ARMAS

El desarrollo de **IA en el ámbito militar** ha generado preocupaciones sobre el uso de armas autónomas y la posibilidad de una nueva carrera armamentista basada en inteligencia artificial.

▶ **Drones y sistemas de ataque autónomos**:

La capacidad de desarrollar armas que tomen decisiones sin intervención humana plantea riesgos de seguridad global.

▶ **Ética en el uso de IA en conflictos bélicos**:

Se cuestiona si es moralmente aceptable delegar decisiones de vida o muerte a una máquina.

▶ **Riesgo de errores catastróficos**:

Los sistemas de armas autónomas pueden fallar o hackearse, lo que aumentaría los riesgos de daños colaterales.

---

### ⓘ EJEMPLO

Naciones Unidas ha discutido regulaciones sobre robots asesinos, exigiendo que la toma de decisiones en combate siga bajo el control humano.

---

## 1.5.2.5 CRÍTICA AL DESARROLLO DE IA CON CONCIENCIA ARTIFICIAL

Si la IA llegara a desarrollar algún tipo de conciencia o autonomía avanzada, surgirían cuestiones filosóficas y jurídicas sobre su estatus y derechos.

▶ ¿Debería una IA consciente tener derechos legales?

▶ ¿Cómo garantizar que la IA no actúe en contra de los intereses humanos?

▶ ¿Quién sería responsable de sus acciones?

---

### ⓘ EJEMPLO

Investigadores como Nick Bostrom han planteado escenarios donde una IA superinteligente podría actuar fuera del control humano si no se establecen restricciones adecuadas.

## 1.5.3  La propiedad intelectual de la IA

El crecimiento exponencial de la **Inteligencia Artificial (IA)** ha generado nuevos desafíos en el ámbito de la **propiedad intelectual**, especialmente en lo que respecta a la creación de contenido, la titularidad de los modelos de IA y los derechos de autor sobre las obras generadas por algoritmos. A medida que la IA avanza en capacidades creativas, surgen preguntas clave sobre **quién es el dueño de las invenciones, textos, imágenes, vídeos o música producidos por sistemas de IA** y cómo deben regularse estos aspectos en el marco legal vigente.

Las normativas actuales de propiedad intelectual fueron diseñadas para proteger las creaciones humanas, pero con la llegada de la IA surgen incertidumbres sobre la **titularidad y derechos** de las obras generadas por sistemas automatizados. Los principales desafíos incluyen.

### 1.5.3.1  ¿PUEDE LA IA SER TITULAR DE DERECHOS DE AUTOR?

Uno de los principales debates es si una **obra generada por IA** puede considerarse como una creación con derechos de autor. En la mayoría de las jurisdicciones, los derechos de autor solo se conceden a **personas físicas o jurídicas**, lo que significa que una **obra creada únicamente por un sistema de IA podría no estar protegida por la ley de propiedad intelectual**.

Hasta la fecha, **ninguna legislación reconoce a una IA como autora legal de una obra**, ya que la creatividad sigue considerándose una capacidad exclusivamente humana.

> ### ⓘ EJEMPLO
>
> Si una IA genera una pintura digital mediante un algoritmo, ¿de quién son los derechos de la obra? ¿Del programador del software? ¿Del usuario que dio la orden?
>
> En 2019, la Oficina de Derechos de Autor de EE.UU. rechazó el registro de una imagen creada por la IA "Creativity Machine", argumentando que solo los humanos pueden ser considerados autores.

### 1.5.3.2  TITULARIDAD DE LOS MODELOS DE IA

Los modelos de IA se entrenan con grandes volúmenes de datos y algoritmos complejos. La **propiedad intelectual de estos modelos** plantea dos cuestiones clave:

#### ¿Quién es el propietario del modelo de IA?

Las empresas que desarrollan IA suelen **patentar sus modelos**, protegiendo el código y el diseño de sus algoritmos.

En algunos casos, el uso de código abierto ha permitido la proliferación de modelos accesibles a la comunidad.

**¿Qué ocurre con los datos utilizados para entrenar la IA?**

Muchas herramientas de IA se entrenan con **datos de internet**, lo que ha llevado a controversias sobre derechos de autor cuando se utilizan imágenes, textos o música sin permiso.

Modelos de generación de imágenes como **DALL-E o Stable Diffusion** han sido demandados por utilizar sin autorización imágenes protegidas por derechos de autor para entrenar sus sistemas.

### 1.5.3.3 CREACIONES GENERADAS POR IA Y SU REGULACIÓN EN DIFERENTES PAÍSES

Cada país tiene enfoques distintos sobre la propiedad intelectual en IA:

| País/Región | Enfoque sobre propiedad intelectual de la IA |
|---|---|
| Estados Unidos | Solo las creaciones humanas pueden tener derechos de autor. La Oficina de Derechos de Autor rechazó solicitudes de registro para obras generadas por IA. |
| Unión Europea | La normativa actual protege exclusivamente a creadores humanos, aunque se están estudiando reformas legales. |
| Reino Unido | Permite que el propietario del software de IA reclame derechos sobre las obras generadas por la máquina. |
| China | Ha otorgado ciertos derechos de autor a contenidos creados con IA cuando hay suficiente intervención humana. |

El auge de la IA en la generación de contenido ha llevado a diversas disputas legales sobre **quién debe ser reconocido como creador de una obra generada por algoritmos**. Algunos casos recientes incluyen:

▷ **"Zarya of the Dawn" (EE.UU., 2023):**

Un cómic generado con la ayuda de IA fue registrado parcialmente en la Oficina de Derechos de Autor, pero solo se reconoció la autoría humana en la edición del texto y el diseño narrativo, excluyendo las imágenes creadas por inteligencia artificial.

### ▶ Caso Getty Images vs. Stability AI (2023):

Getty demandó a Stability AI por haber utilizado sin permiso millones de imágenes con copyright para entrenar su modelo de generación de imágenes.

### ▶ Deepfake de celebridades y propiedad intelectual:

El uso de deepfakes de actores en películas sin su consentimiento ha generado debates sobre los derechos de imagen en la era de la IA

Dado el vacío legal existente en muchas jurisdicciones, varias organizaciones han comenzado a proponer normativas para abordar la propiedad intelectual en la IA:

### ▶ Regulación de la Unión Europea sobre Inteligencia Artificial:

Busca establecer normas claras sobre el uso de datos para entrenar modelos de IA, evitando la infracción de derechos de autor.

### ▶ Estrategia de la OMPI (Organización Mundial de la Propiedad Intelectual):

Evalúa si es necesario crear una nueva categoría legal para obras generadas por IA.

### ▶ Nuevos modelos de licencia:

Algunas plataformas están explorando modelos de licencia que otorguen **créditos compartidos entre humanos e IA** para la protección de obras híbridas.

# 1.6 PRUEBA DE AUTOEVALUACIÓN

**1.** ¿Cuál de los siguientes elementos NO es un requerimiento fundamental para el desarrollo de aplicaciones de IA?

a) Infraestructura computacional

b) Calidad y disponibilidad de datos

c) Conocimiento de matemáticas básicas

d) **Conciencia artificial**

**2.** ¿Qué característica diferencia principalmente al aprendizaje profundo del aprendizaje automático tradicional?

a) **El uso de redes neuronales profundas con múltiples capas**

b) La capacidad de tomar decisiones sin intervención humana

c) El procesamiento de datos sin estructura

d) El uso exclusivo de bases de datos etiquetadas

**3. ¿Cuál es un ejemplo de una aplicación de IA basada en el aprendizaje por refuerzo?**

a) **Un coche autónomo que aprende a conducir ajustando su comportamiento en función de las recompensas recibidas**

b) Un algoritmo de clasificación de correos electrónicos

c) Un sistema de recomendación de productos en una tienda online

d) Un chatbot que responde preguntas de servicio al cliente

**4. ¿Cuál de las siguientes afirmaciones es correcta en relación con la propiedad intelectual de la IA?**

a) Todas las creaciones generadas por IA son automáticamente protegidas por derechos de autor

b) La Unión Europea ha otorgado derechos de autor a sistemas de IA que producen contenido de forma autónoma

c) Los algoritmos de IA no pueden generar contenido creativo

d) **Las leyes actuales no reconocen a la IA como titular de derechos de autor**

**5. ¿Qué problema puede surgir si los datos de entrenamiento de una IA contienen sesgos?**

a) **El sistema de IA puede perpetuar discriminaciones y decisiones injustas**

b) El modelo se vuelve más eficiente en la toma de decisiones

c) La IA dejará de funcionar debido a errores en los datos

d) No tiene impacto, ya que los algoritmos siempre son imparciales

**6.** **¿Cuál de las siguientes es una de las principales preocupaciones éticas sobre el uso de la IA en la vigilancia masiva?**

a) La reducción de costos operativos en las empresas

b) La automatización de procesos de marketing

c) **El uso de reconocimiento facial sin consentimiento y la pérdida de privacidad**

d) La incapacidad de la IA para analizar imágenes en tiempo real

**7.** **¿Qué regulación busca garantizar que los algoritmos de IA sean explicables y permitan a los usuarios impugnar decisiones automatizadas?**

a) **Reglamento General de Protección de Datos (GDPR)**

b) Ley de Derechos de Autor de EE.UU.

c) ISO 27001 sobre Seguridad de la Información

d) Tratado de Comercio Internacional sobre Inteligencia Artificial

**8.** **¿Cuál es una de las principales diferencias entre la IA convencional y la IA computacional?**

a) La IA convencional se basa en redes neuronales y la IA computacional en árboles de decisión

b) **La IA convencional se basa en reglas explícitas y lógica simbólica, mientras que la IA computacional utiliza modelos adaptativos como redes neuronales**

c) La IA convencional no necesita datos y la IA computacional sí

d) No existen diferencias, ambas utilizan los mismos métodos

**9.** ¿Cuál de las siguientes NO es una aplicación práctica de la visión artificial en IA?

a) Análisis de imágenes médicas para detectar enfermedades

b) **Generación automática de texto en chatbots**

c) Detección de objetos en vehículos autónomos

d) Reconocimiento facial en aeropuertos para control de accesos

**10.** ¿Cuál de las siguientes afirmaciones es un aspecto clave del Reglamento de la Unión Europea sobre Inteligencia Artificial?

a) **Clasifica los sistemas de IA según su nivel de riesgo y prohíbe aquellos que puedan manipular el comportamiento humano sin su consentimiento**

b) Permite el uso de cualquier modelo de IA sin restricciones legales

c) Obliga a todas las empresas a compartir sus modelos de IA con el público

d) Exige que la IA siempre opere sin intervención humana

## 1.7 RESPUESTAS

**1.** ¿Cuál de los siguientes elementos NO es un requerimiento fundamental para el desarrollo de aplicaciones de IA?

d) **Conciencia artificial**

**2.** ¿Qué característica diferencia principalmente al aprendizaje profundo del aprendizaje automático tradicional?

a) **El uso de redes neuronales profundas con múltiples capas**

**3.** ¿Cuál es un ejemplo de una aplicación de IA basada en el aprendizaje por refuerzo?

a) **Un coche autónomo que aprende a conducir ajustando su comportamiento en función de las recompensas recibidas**

**4.** ¿Cuál de las siguientes afirmaciones es correcta en relación con la propiedad intelectual de la IA?

d) **Las leyes actuales no reconocen a la IA como titular de derechos de autor**

**5.** ¿Qué problema puede surgir si los datos de entrenamiento de una IA contienen sesgos?

a) **El sistema de IA puede perpetuar discriminaciones y decisiones injustas**

**6.** ¿Cuál de las siguientes es una de las principales preocupaciones éticas sobre el uso de la IA en la vigilancia masiva?

c) **El uso de reconocimiento facial sin consentimiento y la pérdida de privacidad**

**7.** ¿Qué regulación busca garantizar que los algoritmos de IA sean explicables y permitan a los usuarios impugnar decisiones automatizadas?

a) **Reglamento General de Protección de Datos (GDPR)**

**8.** ¿Cuál es una de las principales diferencias entre la IA convencional y la IA computacional?

b) **La IA convencional se basa en reglas explícitas y lógica simbólica, mientras que la IA computacional utiliza modelos adaptativos como redes neuronales**

9. ¿Cuál de las siguientes NO es una aplicación práctica de la visión artificial en IA?

b) Generación automática de texto en chatbots

10. ¿Cuál de las siguientes afirmaciones es un aspecto clave del Reglamento de la Unión Europea sobre Inteligencia Artificial?

a) Clasifica los sistemas de IA según su nivel de riesgo y prohíbe aquellos que puedan manipular el comportamiento humano sin su consentimiento

# Módulo 2

# Procesos de Inteligencia Artificial aplicados a las estrategias de marketing

## 2.1 APLICACIÓN DE LOS PROCESOS DE LA IA AL ÁMBITO DE LOS ESTUDIOS DE MERCADO

Los estudios de mercado han evolucionado significativamente con la incorporación de la **Inteligencia Artificial (IA)**, permitiendo a las empresas analizar grandes volúmenes de datos, identificar tendencias de consumo y anticipar comportamientos con una precisión sin precedentes. La capacidad de la IA para procesar información en tiempo real y extraer patrones ocultos ha optimizado la toma de decisiones estratégicas en marketing, reduciendo costos y mejorando la efectividad de las campañas.

Los procesos de IA aplicados a los estudios de mercado se centran en la recopilación, análisis e interpretación de datos provenientes de múltiples fuentes, incluyendo redes sociales, motores de búsqueda, transacciones en línea y encuestas automatizadas. A través de técnicas avanzadas como el **procesamiento de lenguaje natural (NLP), el aprendizaje automático y el análisis predictivo**, la IA permite segmentar audiencias, evaluar la percepción de marca y diseñar estrategias de marketing basadas en datos precisos y en tiempo real.

## 2.1.1  Caracterización de aplicaciones basadas en IA para análisis de mercado

Las aplicaciones de IA en los estudios de mercado se han convertido en herramientas esenciales para las empresas que buscan una ventaja competitiva en un entorno digitalizado. Estas aplicaciones permiten recopilar, procesar y analizar información de manera automatizada, optimizando la toma de decisiones estratégicas en marketing. A continuación, se presentan las principales características de las aplicaciones de IA utilizadas en el análisis de mercado.

### 2.1.1.1  RECOPILACIÓN AUTOMATIZADA DE DATOS

Las herramientas de IA pueden extraer información de diversas fuentes, incluyendo redes sociales, plataformas de comercio electrónico, foros y medios de comunicación. Esta recopilación se realiza mediante **web scraping, APIs y análisis de big data**, lo que permite obtener insights en tiempo real sobre tendencias y comportamientos de los consumidores.

> **ⓘ EJEMPLO**
>
> Un sistema de IA puede monitorear menciones de una marca en redes sociales y clasificar automáticamente los comentarios como positivos, negativos o neutrales.

## 2.1.1.2 SEGMENTACIÓN AVANZADA DE AUDIENCIAS

Las aplicaciones de IA pueden identificar patrones de comportamiento en grandes volúmenes de datos y agrupar consumidores en segmentos específicos según sus intereses, historial de compras o interacciones digitales.

> **ⓘ EJEMPLO**
>
> Un software de análisis de mercado basado en aprendizaje automático puede identificar que un grupo de clientes compra con mayor frecuencia productos sostenibles, lo que permite a la empresa personalizar su estrategia de comunicación para ese segmento.

## 2.1.1.3 ANÁLISIS PREDICTIVO Y DETECCIÓN DE TENDENCIAS

Los modelos de IA pueden predecir la evolución de tendencias de mercado al analizar datos históricos y actuales. Esto permite anticiparse a las demandas de los consumidores y ajustar estrategias de marketing en consecuencia.

> **ⓘ EJEMPLO**
>
> Un algoritmo de predicción puede analizar patrones de compra durante el Black Friday y ayudar a los minoristas a optimizar su inventario con base en la demanda esperada.

## 2.1.1.4  ANÁLISIS DE SENTIMIENTO Y REPUTACIÓN DE MARCA

Las aplicaciones de **procesamiento de lenguaje natural (NLP)** permiten evaluar la percepción del público sobre una marca, producto o campaña publicitaria. Estos sistemas analizan comentarios en redes sociales, reseñas en línea y artículos de medios para medir el nivel de satisfacción del consumidor.

### ⓘ EJEMPLO

Una empresa puede utilizar una herramienta de IA para analizar millones de reseñas y detectar qué aspectos de un producto generan mayor satisfacción o descontento.

## 2.1.1.5  CHATBOTS Y ASISTENTES VIRTUALES PARA ENCUESTAS INTELIGENTES

El uso de **chatbots conversacionales** basados en IA ha revolucionado la recopilación de datos en estudios de mercado. Estos asistentes pueden interactuar con los consumidores en tiempo real, hacer preguntas relevantes y recopilar información sin la necesidad de encuestadores humanos.

### ⓘ EJEMPLO

Un chatbot implementado en un e-commerce puede preguntar a los clientes sobre su experiencia de compra y analizar las respuestas para identificar áreas de mejora.

## 2.1.1.6  MODELOS DE RECOMENDACIÓN PARA ESTRATEGIAS PERSONALIZADAS

Las plataformas de marketing basadas en IA pueden analizar datos de usuarios y generar recomendaciones personalizadas sobre productos, contenido o promociones, aumentando la conversión y fidelización de clientes.

> ### ⓘ EJEMPLO
>
> Un sistema de recomendación de IA en una tienda en línea sugiere productos basados en el historial de navegación y compras del usuario.

## 2.1.2 Implicaciones éticas y legales del sector respecto al alcance de la IA

El uso de la **Inteligencia Artificial (IA)** en los estudios de mercado y estrategias de marketing ha generado importantes debates sobre sus implicaciones éticas y legales. A medida que estas tecnologías se vuelven más sofisticadas y omnipresentes, surgen desafíos relacionados con la **privacidad, la transparencia, la equidad y la responsabilidad en la toma de decisiones automatizadas**. Las empresas que integran IA en sus procesos de análisis de mercado deben asegurarse de cumplir con regulaciones vigentes y aplicar principios éticos que garanticen la protección de los consumidores.

El empleo de IA para la recopilación y análisis de datos de los consumidores plantea diversas **cuestiones éticas**, especialmente en lo que respecta al manejo de información personal y la equidad en la toma de decisiones automatizadas. Algunas de las principales preocupaciones incluyen:

a) **Privacidad y protección de datos:** uno de los desafíos más importantes es garantizar que los datos personales sean **recopilados, almacenados y procesados de manera ética y conforme a las normativas vigentes**. La IA puede analizar grandes volúmenes de información de usuarios a través de redes sociales, sitios web y dispositivos conectados, lo que aumenta el riesgo de invasión de la privacidad.

> **ⓘ EJEMPLO**
>
> Una empresa que utilice herramientas de IA para rastrear el comportamiento en línea de sus clientes debe asegurarse de obtener consentimiento explícito antes de recopilar y procesar sus datos.

b) **Transparencia y explicabilidad de los algoritmos:** muchas aplicaciones de IA operan como una **"caja negra"**, lo que significa que sus procesos de decisión no siempre son comprensibles para los usuarios o incluso para los propios desarrolladores. La falta de transparencia en los modelos de IA puede generar desconfianza y dificultar la rendición de cuentas cuando se producen errores o sesgos en la toma de decisiones.

> **ⓘ EJEMPLO**
>
> Si un algoritmo de segmentación de clientes niega el acceso a una promoción a ciertos grupos sin explicación clara, los consumidores pueden percibirlo como un acto discriminatorio.

c) **Sesgos y discriminación en los modelos de IA:** los algoritmos de IA dependen de los datos con los que se han entrenado. Si estos datos contienen sesgos, las decisiones automatizadas pueden **perpetuar desigualdades y generar discriminación en el mercado**. Es fundamental que las empresas revisen y auditen constantemente sus modelos para detectar y corregir posibles sesgos.

> **ⓘ EJEMPLO**
>
> Un sistema de recomendación de empleo que se ha entrenado con datos históricos podría favorecer automáticamente a ciertos perfiles demográficos y excluir injustamente a otros.

d) **Uso ético de la personalización en marketing:** las técnicas de IA permiten personalizar ofertas y campañas publicitarias con un alto grado de precisión, pero **existe una línea delgada entre la personalización y la manipulación**. Un marketing excesivamente intrusivo basado en la explotación de vulnerabilidades del consumidor puede considerarse antiético.

### ⓘ EJEMPLO

Si una empresa utiliza IA para segmentar audiencias y promover productos financieros a personas en situación de vulnerabilidad económica, podría estar incurriendo en una práctica cuestionable.

Dado que muchas empresas dependen de **sistemas de IA para analizar mercados y tomar decisiones estratégicas**, surge la pregunta sobre **quién es responsable cuando un algoritmo comete un error o toma una decisión perjudicial**.

▰ **Responsabilidad del desarrollador**:

¿Debe la empresa que diseñó el software ser responsable de los errores en su modelo de IA?

▰ **Responsabilidad de la empresa usuaria**:

¿Es la empresa que utiliza la herramienta de IA quien debe garantizar que no haya sesgos ni usos indebidos?

▰ **Responsabilidad compartida**:

En muchos casos, la regulación apunta a un esquema de **responsabilidad compartida**, donde tanto desarrolladores como usuarios de IA deben implementar medidas para mitigar riesgos.

## 2.1.3  Utilización de técnicas y herramientas de estudio de mercado basadas en IA

El uso de la **Inteligencia Artificial (IA)** en los estudios de mercado ha revolucionado la forma en que las empresas recopilan, procesan e interpretan la información sobre sus clientes y competidores. Las técnicas basadas en IA permiten **automatizar el análisis de datos, identificar tendencias ocultas y generar predicciones con alta precisión**, mejorando así la toma de decisiones estratégicas en marketing.

Las herramientas impulsadas por IA han optimizado el proceso de investigación de mercados, permitiendo a las empresas analizar grandes volúmenes de datos en tiempo real y obtener insights accionables con mayor rapidez y menor margen de error que los métodos tradicionales.

A continuación, se presentan las principales **técnicas y herramientas basadas en IA** utilizadas en los estudios de mercado.

### 2.1.3.1  PROCESAMIENTO DE LENGUAJE NATURAL (NLP) PARA EL ANÁLISIS DE SENTIMIENTO

El **Procesamiento de Lenguaje Natural (NLP)** permite a los sistemas de IA analizar grandes volúmenes de texto y extraer información sobre la percepción de los consumidores hacia una marca, producto o servicio. Sus aplicaciones son:

- ◤ Evaluación de comentarios en redes sociales, foros y reseñas.

- ◤ Identificación de palabras clave y emociones asociadas a una marca.

- ◤ Análisis de tendencias en la conversación digital.

---

**ⓘ EJEMPLO**

Un minorista de moda utiliza IA para analizar millones de comentarios en Instagram y Twitter y detectar cambios en las preferencias de los consumidores sobre colores y estilos en tendencia.

## 2.1.3.2 APRENDIZAJE AUTOMÁTICO PARA LA SEGMENTACIÓN DE CLIENTES

Los algoritmos de **Machine Learning** permiten segmentar audiencias de manera más precisa que los métodos tradicionales, agrupando clientes con características y comportamientos similares. Sus aplicaciones son:

- Creación de perfiles de clientes basados en comportamiento de compra.

- Detección de patrones en la interacción con productos y servicios.

- Personalización de campañas de marketing según segmentos específicos.

**① EJEMPLO**

Un e-commerce de electrónica utiliza aprendizaje automático para identificar diferentes perfiles de clientes y diseñar estrategias diferenciadas: descuentos exclusivos para compradores frecuentes y promociones para nuevos usuarios.

### 2.1.3.3  ANÁLISIS PREDICTIVO PARA ANTICIPAR TENDENCIAS

El **análisis predictivo** utiliza modelos estadísticos y algoritmos de IA para anticipar cambios en el comportamiento del consumidor y en el mercado. Sus aplicaciones son:

▼ Predicción de la demanda de productos en función de tendencias pasadas.

▼ Estimación de la probabilidad de conversión de clientes potenciales.

▼ Identificación de productos emergentes antes de que alcancen su punto de popularidad.

#### ⓘ EJEMPLO

Un supermercado online usa modelos de IA para prever la demanda de productos en temporadas específicas, ajustando el inventario y evitando sobrecostos por exceso de stock.

### 2.1.3.4  MODELOS DE RECOMENDACIÓN PERSONALIZADOS

Los sistemas de **recomendación basados en IA** analizan el historial de navegación, compras y preferencias de los usuarios para ofrecer sugerencias personalizadas. Sus aplicaciones son:

▼ Recomendaciones de productos en e-commerce.

▼ Personalización de contenido en plataformas de streaming.

▼ Diseño de estrategias de retención de clientes.

#### ⓘ EJEMPLO

Netflix emplea algoritmos de recomendación para sugerir películas y series en función del comportamiento previo del usuario y de perfiles con gustos similares.

### 2.1.3.5 WEB SCRAPING Y ANÁLISIS DE COMPETENCIA

El **web scraping** es una técnica utilizada por la IA para recopilar información de sitios web y analizar la estrategia de la competencia en tiempo real. Sus aplicaciones son:

- Análisis de precios de competidores en e-commerce.
- Monitoreo de estrategias publicitarias de la competencia.
- Identificación de cambios en productos y servicios del mercado.

**ⓘ EJEMPLO**

Una empresa de tecnología usa web scraping para rastrear los precios de smartphones en diferentes tiendas online y ajustar su estrategia de precios dinámicos.

Existen diversas plataformas que integran técnicas de IA para optimizar el análisis de mercado. Algunas de las más utilizadas son:

| Herramienta | Funcionalidad principal | Aplicación en estudios de mercado |
|---|---|---|
| Google Trends | Análisis de tendencias de búsqueda. | Identifica el interés del público por determinados productos o temas. |
| IBM Watson Analytics | Analítica avanzada basada en IA. | Descubre patrones y genera insights a partir de grandes volúmenes de datos. |
| Brandwatch | Monitoreo y análisis de redes sociales. | Evalúa la percepción de marca y tendencias en redes sociales. |
| Tableau con IA | Visualización y análisis de datos con machine learning. | Genera dashboards inteligentes para análisis de mercado. |
| Crimson Hexagon | Análisis de sentimiento y comportamiento del consumidor. | Detecta opiniones y emociones del público respecto a marcas o productos. |
| Amazon Personalize | Sistema de recomendaciones basado en machine learning. | Personaliza la experiencia del cliente con sugerencias automatizadas. |

El empleo de técnicas y herramientas basadas en IA aporta múltiples ventajas para las empresas que desean optimizar sus estrategias de marketing:

▶ **Mayor precisión en el análisis**:

La IA permite detectar patrones y tendencias que serían difíciles de identificar manualmente.

**⚑ Automatización y eficiencia**:

Reduce el tiempo necesario para la recopilación y procesamiento de datos.

**⚑ Mejor personalización**:

Facilita estrategias adaptadas a segmentos específicos del mercado.

**⚑ Decisiones más informadas**:

Proporciona información basada en datos en tiempo real para ajustar campañas y estrategias de negocio.

A pesar de sus ventajas, la aplicación de IA en estudios de mercado enfrenta algunos desafíos:

**⚑ Protección de datos y privacidad**:

La recopilación de información debe cumplir con regulaciones como el GDPR.

**⚑ Sesgos en los algoritmos**:

Si los datos utilizados para entrenar los modelos están sesgados, las conclusiones pueden ser erróneas o injustas.

▶ **Costo de implementación**:

La integración de IA en los estudios de mercado puede requerir inversiones significativas en tecnología y talento especializado.

---

ⓘ **EJEMPLO**

Una empresa que usa IA para segmentar audiencias debe garantizar que su modelo no discrimine a ciertos grupos y que la recopilación de datos cumpla con la normativa de privacidad.

---

## 2.2 DESARROLLO DE LA IA EN EL ÁMBITO DEL DISEÑO DE PRODUCTO O SERVICIO

La aplicación de la **Inteligencia Artificial (IA)** en el diseño de productos y servicios ha revolucionado la manera en que las empresas desarrollan sus ofertas, permitiendo un enfoque basado en datos y en la optimización de la experiencia del usuario. A través del uso de modelos predictivos, simulaciones avanzadas y herramientas de análisis de tendencias, la IA no solo agiliza el proceso de desarrollo, sino que también mejora la precisión en la toma de decisiones estratégicas.

En este contexto, la IA permite:

▶ Identificar **necesidades del consumidor** a través del análisis de datos de mercado.

▶ Optimizar el diseño de productos mediante **simulaciones y modelado predictivo**.

▶ Automatizar el **prototipado y personalización de servicios**.

▶ Acelerar la innovación mediante la detección de tendencias emergentes.

## 2.2.1 Aplicación de técnicas y herramientas de IA para la toma de decisiones

La toma de decisiones en el diseño de productos o servicios es un proceso complejo que involucra la evaluación de múltiples factores, como las **preferencias del consumidor, la viabilidad del mercado, la optimización de costos y la competencia**. La IA ha optimizado este proceso al proporcionar herramientas avanzadas que analizan grandes volúmenes de datos y ofrecen predicciones basadas en evidencia.

A continuación, se presentan las principales técnicas y herramientas de IA aplicadas a la toma de decisiones en el diseño de productos y servicios.

### 2.2.1.1 MODELOS PREDICTIVOS PARA ANTICIPAR LA DEMANDA

Los modelos de aprendizaje automático permiten predecir la **demanda de productos** antes de su lanzamiento, analizando datos históricos de ventas, tendencias del mercado y preferencias del consumidor. Sus aplicaciones son:

- Reducción del riesgo en el lanzamiento de nuevos productos.

- Ajuste de la producción y optimización de inventarios.

- Personalización de estrategias de distribución.

---

ⓘ **EJEMPLO**

Un fabricante de ropa deportiva utiliza un modelo de predicción de demanda para estimar qué colores y estilos serán más populares en la próxima temporada.

## 2.2.1.2  SIMULACIÓN Y MODELADO DE PRODUCTOS CON IA

Las herramientas de simulación basadas en IA permiten probar y optimizar el diseño de un producto antes de su producción, reduciendo costos y acelerando la innovación. Sus aplicaciones son:

- ◤ Simulación de rendimiento y resistencia de materiales.

- ◤ Optimización de la ergonomía y usabilidad del producto.

- ◤ Pruebas de funcionalidad en entornos virtuales antes del desarrollo físico.

### ⓘ EJEMPLO

Una empresa automotriz utiliza IA para simular el rendimiento aerodinámico de un nuevo modelo de vehículo antes de construir prototipos físicos.

## 2.2.1.3  OPTIMIZACIÓN DEL DISEÑO MEDIANTE GENERATIVE DESIGN

El **diseño generativo** basado en IA permite a los diseñadores y equipos de desarrollo crear múltiples variaciones de un producto en función de parámetros específicos, como costos, materiales y funcionalidad. Sus aplicaciones son:

- ◤ Generación automática de miles de diseños optimizados.

- ◤ Evaluación de diferentes configuraciones para encontrar la mejor solución.

- ◤ Aplicación en arquitectura, diseño industrial y desarrollo de software.

### ⓘ EJEMPLO

Autodesk usa IA para diseñar estructuras arquitectónicas más eficientes en términos de materiales y sostenibilidad.

## 2.2.1.4  ANÁLISIS DE SENTIMIENTO PARA EVALUAR PERCEPCIONES DEL CONSUMIDOR

El análisis de sentimiento mediante **procesamiento de lenguaje natural (NLP)** permite a las empresas evaluar las opiniones de los consumidores en redes sociales, foros y encuestas en línea, obteniendo información clave para mejorar productos o servicios. Sus aplicaciones son:

- ▼ Identificación de atributos valorados por los consumidores.

- ▼ Detección de problemas en productos existentes.

- ▼ Adaptación de estrategias de marketing con base en la percepción del público.

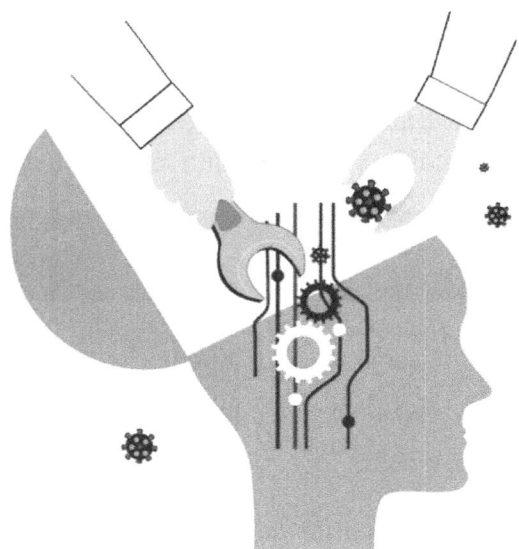

### ⓘ EJEMPLO

Un fabricante de tecnología analiza las reseñas de usuarios para detectar problemas recurrentes en su última línea de teléfonos inteligentes y realizar mejoras en la siguiente versión.

## 2.2.1.5  SISTEMAS DE RECOMENDACIÓN Y PERSONALIZACIÓN DE PRODUCTOS

Los algoritmos de **machine learning** permiten a las empresas ofrecer experiencias personalizadas a sus clientes, recomendando productos y servicios basados en el historial de compra y preferencias individuales. Sus aplicaciones son:

- ▼ Creación de experiencias de compra personalizadas.
- ▼ Optimización de interfaces de usuario para mejorar la conversión.
- ▼ Implementación de estrategias de fidelización basadas en hábitos de consumo.

---

ⓘ EJEMPLO

Amazon utiliza sistemas de recomendación basados en IA para sugerir productos complementarios a los que un cliente ha visualizado o comprado.

---

Las siguientes plataformas integran IA para facilitar la toma de decisiones estratégicas en el desarrollo de productos y servicios:

| Herramienta | Funcionalidad principal | Aplicación en el diseño de productos |
|---|---|---|
| IBM Watson Studio | Modelado predictivo y análisis de datos. | Predicción de tendencias de consumo. |
| Autodesk Generative Design | Diseño generativo basado en IA. | Creación de productos optimizados en función de materiales y costos. |
| Tableau con AI | Visualización de datos e insights predictivos. | Evaluación de patrones de consumo y demanda. |
| Google Cloud AI | Aprendizaje automático y procesamiento de datos. | Optimización de productos mediante análisis de datos en la nube. |
| Brandwatch Consumer Research | Análisis de sentimiento en redes sociales. | Evaluación de la percepción del consumidor en tiempo real. |

## 2.2.2 Integración de metodologías de diseño y de desarrollo de IA

El desarrollo de **Inteligencia Artificial (IA)** para el diseño de productos y servicios requiere la integración de **metodologías estructuradas** que permitan su implementación de manera efectiva, alineando los objetivos de negocio con las necesidades del usuario. La convergencia entre las metodologías de **diseño de producto** y **desarrollo de IA** es esencial para garantizar que las soluciones sean innovadoras, viables y funcionales.

Para lograr una integración eficiente, es necesario combinar enfoques provenientes del **diseño centrado en el usuario (DCU), el desarrollo ágil, el aprendizaje automático y el procesamiento de datos**, estableciendo procesos iterativos que permitan la mejora continua del producto o servicio basado en IA.

El diseño de productos y servicios que incorporan IA debe enfocarse en la usabilidad, la accesibilidad y la resolución de problemas reales. Algunas de las metodologías clave incluyen.

## 2.2.2.1   DISEÑO CENTRADO EN EL USUARIO (DCU)

El **Diseño Centrado en el Usuario (DCU)** prioriza la experiencia del usuario final, asegurando que las soluciones de IA sean comprensibles, eficientes y accesibles.

Las fases del DCU aplicadas a la IA son:

1. **Investigación**:

   Análisis de necesidades, comportamiento y expectativas del usuario respecto al producto basado en IA.

2. **Definición**:

   Establecimiento de objetivos funcionales para la IA según las necesidades detectadas.

3. **Ideación**:

   Creación de prototipos y conceptualización de la interacción usuario-IA.

4. **Pruebas y evaluación**:

   Validación iterativa del sistema basado en IA mediante pruebas con usuarios.

## 2.2.2.2 DESIGN THINKING PARA LA INNOVACIÓN EN IA

El **Design Thinking** es una metodología de resolución de problemas enfocada en la creatividad y la experimentación. Su integración en el desarrollo de IA permite generar soluciones innovadoras con enfoque humano. Las aplicaciones en IA son:

- ▼ Identificación de oportunidades para el uso de IA en productos y servicios.

- ▼ Creación de modelos de interacción más naturales e intuitivos.

- ▼ Exploración de nuevos enfoques para la personalización de experiencias.

### ⓘ EJEMPLO

Una empresa de retail implementa Design Thinking para definir cómo la IA puede mejorar la experiencia de compra mediante recomendaciones hiperpersonalizadas.

El desarrollo de sistemas de IA implica la aplicación de metodologías específicas que optimicen el entrenamiento de modelos, la validación de datos y la integración de algoritmos en productos y servicios.

## 2.2.2.3 DESARROLLO ÁGIL PARA IA

El **desarrollo ágil** es un enfoque iterativo que permite la evolución constante de los sistemas de IA a medida que se recopilan datos y se ajustan los modelos. Los principales beneficios son:

- ▼ Mayor flexibilidad para adaptar la IA a nuevas necesidades del mercado.

- ▼ Iteraciones rápidas para mejorar la precisión y efectividad del sistema.

- ▼ Colaboración entre equipos multidisciplinarios (ingenieros, diseñadores, expertos en negocio).

> ### ⓘ EJEMPLO
>
> Un equipo de marketing digital desarrolla un chatbot basado en IA utilizando Scrum, ajustando continuamente sus respuestas según el comportamiento de los usuarios.

## 2.2.2.4 METODOLOGÍA CRISP-DM EN EL DESARROLLO DE MODELOS DE IA

El **CRISP-DM (Cross Industry Standard Process for Data Mining)** es un modelo ampliamente utilizado para el desarrollo de sistemas basados en datos, incluyendo IA Las fases del proceso CRISP-DM son:

1. **Comprensión del negocio**:

   Identificación del problema a resolver con IA.

2. **Comprensión de los datos**:

   Análisis y preparación de los datos de entrenamiento.

3. **Preparación de los datos**:

   Limpieza y estructuración de los datos.

4. **Modelado**:

   Desarrollo del algoritmo de IA y ajuste de hiperparámetros.

5. **Evaluación**:

   Pruebas para validar la precisión y confiabilidad del modelo.

6. **Despliegue**:

   Integración del modelo en el producto o servicio.

Para garantizar que la IA se desarrolle de manera efectiva en productos y servicios, es fundamental integrar metodologías de **diseño y desarrollo** en un flujo de trabajo estructurado.

| Fase | Metodología de Diseño | Metodología de Desarrollo de IA |
|---|---|---|
| Descubrimiento | Investigación con usuarios (DCU, Design Thinking). | Comprensión del negocio (CRISP-DM). |
| Definición | Mapeo de la experiencia del usuario. | Análisis de datos y preparación. |
| Ideación | Prototipado y pruebas iterativas. | Modelado y experimentación con algoritmos. |
| Implementación | Diseño de interfaz e integración UX/UI. | Desarrollo ágil para implementación del modelo. |
| Optimización | Evaluación de la experiencia del usuario. | Ajuste y reentrenamiento del modelo de IA. |

Por último, entre los beneficios de una integración efectiva entre diseño y desarrollo de IA se incluyen los siguientes:

- **Mayor alineación con las necesidades del usuario**:

    La combinación de enfoques centrados en el usuario y desarrollo basado en datos garantiza una experiencia más intuitiva y efectiva.

- **Mayor precisión en los modelos de IA**:

    La iteración constante y el desarrollo ágil permiten ajustes continuos para mejorar el rendimiento del sistema.

- **Optimización de costos y tiempos de desarrollo**:

    La integración estructurada de metodologías evita errores y optimiza los recursos en el proceso de creación de productos y servicios basados en IA.

- **Innovación basada en datos y creatividad**:

    La sinergia entre Design Thinking y modelado predictivo permite generar soluciones innovadoras con un alto impacto en el mercado.

## 2.3 IMPLANTACIÓN DE LA IA EN EL ÁMBITO DE LA ESTRATEGIA PUBLICITARIA

La **Inteligencia Artificial (IA)** ha transformado la manera en que las marcas diseñan y ejecutan sus estrategias publicitarias, permitiendo la automatización de procesos, la hiperpersonalización de anuncios y la optimización de campañas en tiempo real. Gracias a algoritmos avanzados de análisis de datos, aprendizaje automático y procesamiento de lenguaje natural, la IA no solo mejora la precisión en la segmentación de audiencias, sino que también incrementa la eficiencia de la inversión publicitaria.

La implantación de IA en publicidad se ha convertido en una herramienta fundamental para las empresas, permitiendo:

- **Automatización de compra y distribución de anuncios** mediante inteligencia artificial programática.
- **Personalización avanzada** basada en el análisis de comportamiento del usuario.
- **Optimización de presupuestos publicitarios** mediante modelos predictivos.
- **Generación automática de contenido publicitario** adaptado a diferentes plataformas y audiencias.

### 2.3.1 Caracterización de aplicaciones publicitarias basadas en IA

Las aplicaciones de IA en publicidad abarcan desde la **automatización de anuncios** hasta la **personalización de contenido y optimización de campañas** en tiempo real. Estas herramientas han permitido aumentar la eficacia de las estrategias publicitarias, asegurando que los anuncios lleguen a la audiencia correcta en el momento oportuno y con el mensaje más relevante.

A continuación, se presentan las principales **aplicaciones publicitarias basadas en IA** y su impacto en la industria.

### 2.3.1.1  PUBLICIDAD PROGRAMÁTICA Y AUTOMATIZACIÓN DE ANUNCIOS

La **publicidad programática** utiliza IA para automatizar la compra, colocación y optimización de anuncios en diferentes plataformas digitales. A través del análisis en tiempo real de datos de usuarios, los algoritmos de IA seleccionan los espacios publicitarios más adecuados para cada campaña. Sus aplicaciones son:

- ▶ Compra automatizada de espacios publicitarios en función del perfil del usuario.

- ▶ Optimización de anuncios en función del rendimiento en tiempo real.

- ▶ Reducción del desperdicio de inversión en anuncios irrelevantes.

**ⓘ EJEMPLO**

Google Ads y Facebook Ads utilizan subastas en tiempo real para asignar anuncios personalizados a los usuarios con mayor probabilidad de conversión.

#### 2.3.1.2 SEGMENTACIÓN DE AUDIENCIAS CON IA

La segmentación avanzada con IA permite identificar grupos de usuarios con características y comportamientos similares, mejorando la precisión de las campañas publicitarias. Sus aplicaciones son:

- Creación de segmentos de clientes en función de su historial de navegación y compras.
- Identificación de audiencias con mayor probabilidad de interacción con la marca.
- Adaptación de los mensajes publicitarios según el perfil del consumidor.

**ⓘ EJEMPLO**

Amazon utiliza IA para recomendar productos y mostrar anuncios específicos a cada usuario según su historial de búsqueda y compras.

#### 2.3.1.3 PERSONALIZACIÓN DINÁMICA DE ANUNCIOS

La IA permite la **generación de contenido publicitario adaptado a cada usuario**, lo que aumenta la relevancia y el impacto de los anuncios. Sus aplicaciones son:

- Creación de anuncios dinámicos con imágenes y textos personalizados.
- Adaptación del contenido publicitario en función del dispositivo y la ubicación del usuario.
- Optimización de los elementos gráficos y de copywriting en tiempo real.

> ### ⓘ EJEMPLO
>
> Spotify genera anuncios personalizados para cada usuario según sus hábitos de escucha y preferencias musicales.

### 2.3.1.4  GENERACIÓN AUTOMÁTICA DE CONTENIDO PUBLICITARIO

Los modelos de IA pueden generar anuncios visuales, textos publicitarios y contenido audiovisual de forma autónoma, reduciendo el tiempo y los costos de producción. Sus aplicaciones son:

- ▶ Creación de textos persuasivos y adaptados a diferentes audiencias mediante **Procesamiento de Lenguaje Natural (NLP)**.

- ▶ Generación de imágenes y vídeos personalizados con IA generativa.

- ▶ Automatización de contenido publicitario para redes sociales y sitios web.

> ### ⓘ EJEMPLO
>
> Herramientas como Jasper AI y ChatGPT generan copys publicitarios optimizados para diferentes plataformas digitales.

### 2.3.1.5  OPTIMIZACIÓN DEL RENDIMIENTO DE CAMPAÑAS PUBLICITARIAS

La IA permite analizar el rendimiento de los anuncios y realizar ajustes en tiempo real para maximizar el retorno de inversión (ROI). Sus aplicaciones son:

- ▶ Ajuste automático de presupuestos según el rendimiento de la campaña.

- ▶ Pruebas A/B automatizadas para seleccionar los anuncios más efectivos.

- ▶ Análisis predictivo para anticipar tendencias en la publicidad digital.

ⓘ EJEMPLO

Google Ads utiliza aprendizaje automático para ajustar pujas en tiempo real y maximizar el impacto de los anuncios según el comportamiento del usuario.

### 2.3.1.6  CHATBOTS Y ASISTENTES VIRTUALES PARA MARKETING CONVERSACIONAL

Los chatbots basados en IA han transformado la publicidad interactiva, permitiendo que las marcas se comuniquen directamente con los usuarios a través de mensajes personalizados. Sus aplicaciones son:

- ▼ Atención automatizada al cliente en plataformas de mensajería.

- ▼ Recomendación de productos basada en conversaciones con usuarios.

- ▼ Integración con redes sociales para generar tráfico y conversiones.

ⓘ EJEMPLO

Un chatbot en Facebook Messenger puede interactuar con usuarios interesados en un producto y guiarlos hasta la compra.

### 2.3.1.7  ANÁLISIS DE SENTIMIENTO Y REPUTACIÓN DE MARCA

El **análisis de sentimiento** basado en IA permite evaluar la percepción de los consumidores sobre una marca o campaña publicitaria a través del análisis de redes sociales, reseñas y comentarios en línea.

Sus aplicaciones son:

▶ Detección de crisis de reputación en tiempo real.

▶ Evaluación del impacto de campañas publicitarias en la percepción de los consumidores.

▶ Identificación de temas y tendencias emergentes en la conversación digital.

### ⓘ EJEMPLO

Coca-Cola monitorea redes sociales con herramientas de análisis de sentimiento para evaluar la recepción de sus campañas publicitarias en diferentes regiones.

Existen diversas plataformas que integran IA para optimizar estrategias publicitarias:

| Herramienta | Funcionalidad principal | Aplicación en publicidad |
|---|---|---|
| Google Ads AI | Optimización automática de anuncios. | Mejora la segmentación y rendimiento de campañas. |
| Facebook AI Ads | Publicidad programática y segmentación avanzada. | Personalización de anuncios en redes sociales. |
| Jasper AI | Generación automática de copys publicitarios. | Creación de contenido persuasivo para campañas digitales. |
| Adzooma | Automatización de campañas en múltiples plataformas. | Gestión de anuncios en Google, Facebook y Bing. |
| Persado AI | Creación de mensajes publicitarios basados en datos emocionales. | Optimización del lenguaje en anuncios digitales. |

## 2.3.2 Concepto de publicidad programática

La **publicidad programática** es un modelo de compra automatizada de espacios publicitarios digitales que utiliza **Inteligencia Artificial (IA)** y **Big Data** para optimizar la segmentación y entrega de anuncios en tiempo real. A diferencia de la publicidad tradicional, donde la compra de anuncios se negocia manualmente, la publicidad programática emplea **algoritmos de aprendizaje automático** para identificar la mejor combinación de audiencia, ubicación y momento para cada anuncio.

Este sistema permite a los anunciantes alcanzar a su público objetivo con una precisión sin precedentes, optimizando los presupuestos y maximizando el retorno de inversión (ROI). La clave de su éxito radica en el uso de **subastas en tiempo real (Real-Time Bidding, RTB)** y en plataformas de gestión de datos (DMPs) que procesan grandes volúmenes de información sobre los usuarios.

La publicidad programática se basa en la automatización y el análisis de datos para mejorar la efectividad de las campañas digitales. Sus principales características incluyen:

▼ **Automatización total**:

Eliminación de intermediarios y procesos manuales en la compra de anuncios.

▼ **Segmentación avanzada**:

Uso de datos de comportamiento, intereses y contexto del usuario.

▼ **Compra en tiempo real (RTB)**:

Subastas instantáneas que determinan qué anuncio se mostrará en cada espacio publicitario.

▼ **Optimización continua**:

Los algoritmos ajustan las campañas automáticamente para mejorar su rendimiento.

▼ **Personalización de anuncios**:

Adaptación del mensaje y formato publicitario según el usuario y el dispositivo.

El ecosistema de la publicidad programática involucra diversas plataformas y tecnologías que trabajan en conjunto para automatizar la compra y optimización de anuncios. El proceso de compra de anuncios programáticos es el siguiente:

1. **Recopilación de datos**:

Se analizan datos sobre el usuario, como su historial de navegación, ubicación, dispositivo y comportamiento digital.

2. **Subasta en tiempo real (RTB)**:

   Cuando un usuario accede a un sitio web con espacios publicitarios, se activa una subasta automática entre anunciantes interesados en impactar a ese usuario.

3. **Selección del mejor anuncio**:

   La plataforma de demanda (DSP) determina cuál es el mejor anuncio en función de la puja y la relevancia para el usuario.

4. **Publicación del anuncio**:

   En milisegundos, el anuncio ganador se muestra al usuario en la página web o aplicación móvil.

5. **Optimización y aprendizaje automático**:

   Los algoritmos ajustan las estrategias para mejorar el rendimiento en futuras impresiones.

Existen diferentes modelos de compra programática, cada uno con características específicas según el tipo de transacción y el nivel de personalización:

| Tipo de publicidad programática | Descripción | Ejemplo de aplicación |
|---|---|---|
| **Real-Time Bidding (RTB)** | Subasta en tiempo real donde los anunciantes pujan por espacios publicitarios en función del perfil del usuario. | Compra de anuncios en sitios de noticias y redes sociales basada en intereses y comportamiento del usuario. |
| **Programmatic Direct** | Compra automatizada de espacios publicitarios con precios y ubicaciones acordadas previamente, sin subasta. | Un anunciante negocia directamente con una plataforma de contenido para asegurar un banner premium en su web. |

| Tipo de publicidad programática | Descripción | Ejemplo de aplicación |
|---|---|---|
| Private Marketplaces (PMPs) | Subastas privadas donde los anunciantes seleccionados pueden competir por inventario premium. | Marcas de lujo adquieren espacios exclusivos en sitios premium sin competir con otros anunciantes. |
| Preferred Deals | Compra de espacios publicitarios a precio fijo antes de que se abran a subastas RTB. | Un medio digital ofrece a un anunciante un precio especial para mostrar anuncios en sus artículos más visitados. |

El ecosistema de la publicidad programática está compuesto por diversas plataformas que facilitan la automatización y optimización de las campañas:

| Plataforma | Función | Ejemplo |
|---|---|---|
| DSP (Demand-Side Platform) | Plataforma utilizada por anunciantes para gestionar la compra automatizada de anuncios. | Google Display & Video 360, The Trade Desk. |
| SSP (Supply-Side Platform) | Plataforma utilizada por editores para gestionar la venta automatizada de espacios publicitarios. | Google Ad Manager, OpenX. |
| DMP (Data Management Platform) | Plataforma que recopila y gestiona datos de usuarios para optimizar la segmentación. | Oracle BlueKai, Adobe Audience Manager. |
| Ad Exchange | Mercado digital donde anunciantes y editores realizan transacciones de publicidad programática. | Google Ad Exchange, AppNexus. |

> **ⓘ EJEMPLO**
>
> Un e-commerce usa Google Display & Video 360 (DSP) para comprar anuncios segmentados, mientras que un periódico digital utiliza Google Ad Manager (SSP) para vender su inventario publicitario en subastas programáticas.

### 2.3.3 Utilización de herramientas y técnicas para optimizar la estrategia publicitaria

La implementación de **Inteligencia Artificial (IA)** en el ámbito publicitario ha revolucionado la forma en que las marcas diseñan y optimizan sus estrategias. Gracias al uso de herramientas avanzadas y técnicas basadas en **Machine Learning, Big Data y Automatización**, los anunciantes pueden mejorar la eficiencia de sus campañas, reducir costos y aumentar el impacto en su audiencia objetivo.

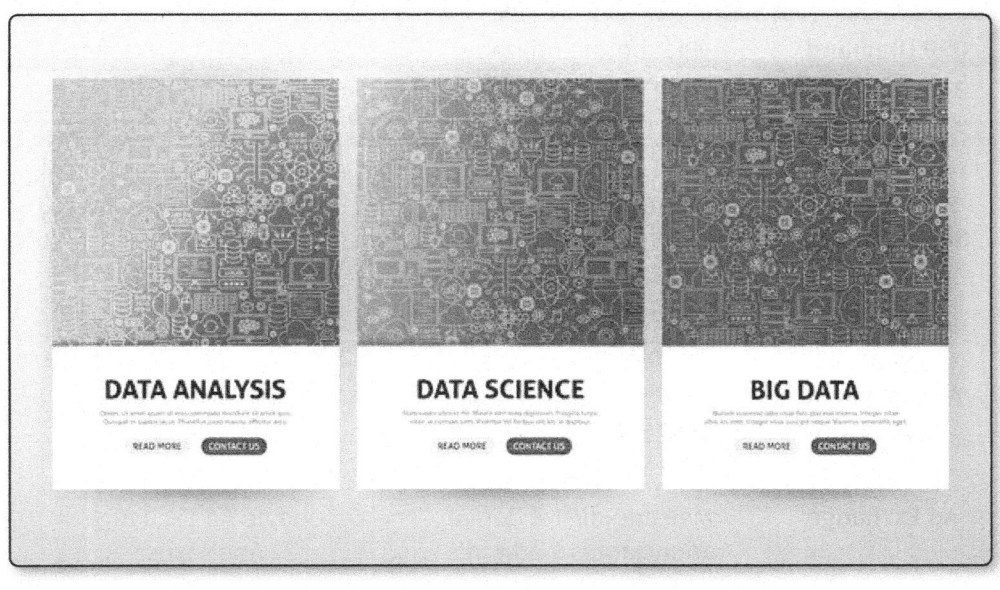

Las herramientas de IA permiten realizar ajustes en tiempo real, identificar patrones de comportamiento del consumidor y maximizar el retorno de inversión (ROI). La optimización de la estrategia publicitaria con IA se centra en tres aspectos clave:

1. **Segmentación avanzada y personalización de anuncios.**

2. **Optimización del rendimiento en tiempo real.**

3. **Automatización de procesos y creatividad generativa.**

La publicidad digital ha evolucionado con la incorporación de técnicas que permiten maximizar la relevancia y eficacia de los anuncios.

## 2.3.3.1 SEGMENTACIÓN DE AUDIENCIAS CON MACHINE LEARNING

El **aprendizaje automático** permite analizar grandes volúmenes de datos y segmentar audiencias con un alto nivel de precisión. Sus aplicaciones son:

- Identificación de públicos similares mediante modelos de **Lookalike Audiences**.

- Segmentación basada en comportamiento, intereses y contexto.

- Creación de perfiles dinámicos para personalizar anuncios según la actividad reciente del usuario.

### ⓘ EJEMPLO

Un minorista de moda usa IA para identificar clientes que han comprado productos similares en el pasado y les muestra anuncios de nuevas colecciones adaptadas a sus preferencias.

## 2.3.3.2 OPTIMIZACIÓN DEL PRESUPUESTO CON MODELOS PREDICTIVOS

Los modelos de **aprendizaje automático** pueden analizar datos históricos y predecir el rendimiento de diferentes combinaciones de anuncios, ayudando a optimizar la asignación del presupuesto. Sus aplicaciones son:

- ▶ Ajuste dinámico del presupuesto entre diferentes canales y plataformas.

- ▶ Identificación de los momentos más rentables para publicar anuncios.

- ▶ Priorización de audiencias con mayor probabilidad de conversión.

(i) EJEMPLO

Un anunciante de software utiliza modelos predictivos para asignar mayor presupuesto a los canales con mejores tasas de conversión en cada campaña.

## 2.3.3.3 PUBLICIDAD PROGRAMÁTICA Y SUBASTAS EN TIEMPO REAL (RTB)

La publicidad programática utiliza algoritmos para **automatizar la compra de espacios publicitarios**, asegurando que los anuncios sean mostrados al público adecuado en el momento oportuno. Sus aplicaciones son:

- ▶ Compra de anuncios en tiempo real mediante **Real-Time Bidding (RTB)**.

- ▶ Ajuste automático de pujas según la probabilidad de conversión.

- ▶ Identificación de oportunidades de inversión en inventarios premium.

**ⓘ EJEMPLO**

Una marca de automóviles usa publicidad programática para mostrar anuncios de un nuevo modelo solo a usuarios que han buscado información sobre coches eléctricos en los últimos días.

## 2.3.3.4  ANÁLISIS DE SENTIMIENTO Y ESCUCHA SOCIAL

El **procesamiento de lenguaje natural (NLP)** permite analizar la percepción del consumidor sobre una marca, producto o campaña publicitaria. Sus aplicaciones son:

- Monitorización de menciones en redes sociales y foros.

- Identificación de tendencias emergentes en la conversación digital.

- Evaluación del impacto emocional de las campañas publicitarias.

---

**ⓘ EJEMPLO**

Una empresa de tecnología analiza miles de tweets sobre su último lanzamiento para identificar aspectos positivos y negativos mencionados por los usuarios.

## 2.3.3.5 TESTING A/B AUTOMATIZADO Y EXPERIMENTACIÓN

El uso de IA en **pruebas A/B** permite evaluar múltiples versiones de un anuncio y determinar cuál genera mejores resultados. Sus aplicaciones son:

▼ Pruebas automáticas de variaciones de títulos, imágenes y llamados a la acción.

▼ Ajuste dinámico del contenido según la interacción del usuario.

▼ Optimización de la creatividad publicitaria basada en datos de rendimiento.

**ⓘ EJEMPLO**

Un e-commerce realiza pruebas A/B en Facebook Ads para determinar qué versión de un anuncio consigue mayor tasa de clics.

Existen múltiples plataformas que utilizan IA para mejorar la estrategia publicitaria.

Algunas de las más utilizadas incluyen:

| Herramienta | Funcionalidad principal | Aplicación en optimización publicitaria |
|---|---|---|
| **Google Ads Smart Bidding** | Optimización automática de pujas. | Ajusta las ofertas en tiempo real para maximizar conversiones. |
| **Facebook AI Ads** | Segmentación avanzada. | Analiza datos del usuario para personalizar anuncios en redes sociales. |
| **Adzooma** | Automatización de campañas. | Gestiona anuncios en Google, Facebook y Bing desde una sola plataforma. |
| **Jasper AI** | Generación de contenido. | Crea textos publicitarios optimizados con IA. |
| **Persado AI** | Optimización de mensajes publicitarios. | Ajusta el tono y el lenguaje de los anuncios para mejorar el engagement. |
| **Brandwatch** | Análisis de sentimiento y redes sociales. | Evalúa la percepción de los consumidores sobre una marca o campaña. |

## 2.3.4 Gestión de imagen de marca

La **imagen de marca** es la percepción que los consumidores tienen de una empresa, producto o servicio. En un mercado altamente digitalizado y competitivo, la gestión de la imagen de marca se ha convertido en un aspecto fundamental para diferenciarse y generar confianza en el público.

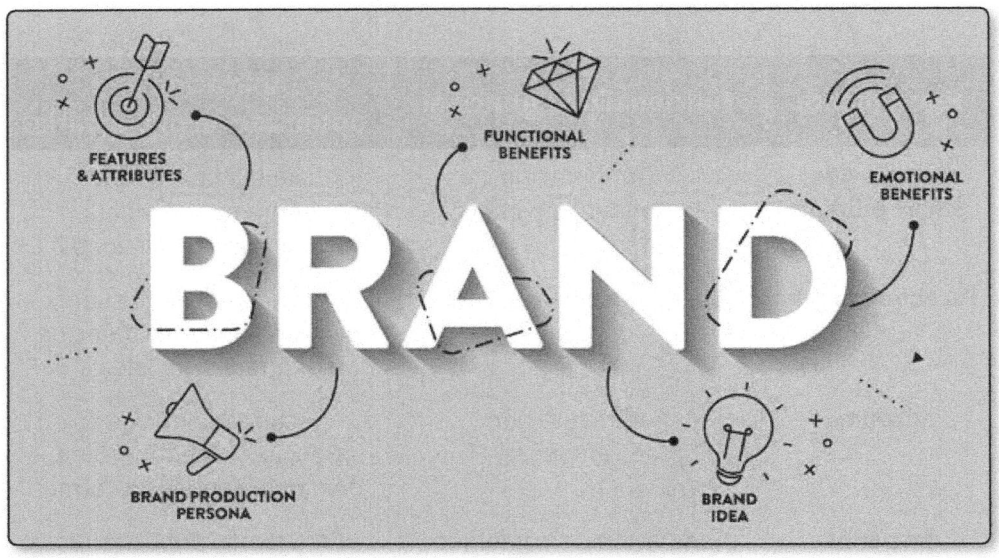

La **Inteligencia Artificial (IA)** ha revolucionado la forma en que las empresas gestionan su imagen, permitiendo un **seguimiento en tiempo real** de la reputación online, la **automatización del análisis de sentimiento** y la **personalización de estrategias de comunicación**. A través de herramientas de análisis de datos, procesamiento de lenguaje natural (NLP) y aprendizaje automático, las marcas pueden anticipar crisis reputacionales, optimizar su presencia digital y mejorar la relación con sus audiencias.

El uso de IA en la gestión de la imagen de marca ofrece ventajas clave para las empresas:

- ▶ **Monitoreo en tiempo real** de la percepción de la marca en medios digitales.

- ▶ **Identificación de tendencias y patrones** en la opinión pública.

- ▶ **Automatización del análisis de comentarios y reseñas** para detectar aspectos positivos y negativos.

▶ **Personalización de la comunicación** para mejorar la experiencia del cliente.

▶ **Optimización de la identidad visual** a través del análisis de preferencias de diseño.

Para gestionar la imagen de marca de manera efectiva, las empresas pueden aplicar diversas estrategias impulsadas por inteligencia artificial.

### 2.3.4.1 ANÁLISIS DE SENTIMIENTO Y REPUTACIÓN DIGITAL

El **procesamiento de lenguaje natural (NLP)** permite evaluar el tono y la percepción de los comentarios en redes sociales, foros, blogs y medios de comunicación. Sirve para:

▶ Detección de comentarios positivos y negativos sobre la marca.

▶ Seguimiento de la evolución de la reputación digital.

▶ Identificación de crisis reputacionales antes de que escalen.

### 2.3.4.2 MONITORIZACIÓN DE REDES SOCIALES Y MEDIOS DIGITALES

Las herramientas basadas en IA permiten rastrear menciones de la marca y evaluar su impacto en distintas plataformas, siendo especialmente útiles para:

▶ Identificación de tendencias y hashtags relacionados con la marca.

▶ Análisis del engagement generado por publicaciones.

▶ Seguimiento de competidores y benchmarking de imagen de marca.

### 2.3.4.3 PERSONALIZACIÓN DE LA COMUNICACIÓN Y BRANDING

La IA permite adaptar el mensaje y la identidad visual de la marca a diferentes audiencias, aumentando la relevancia y conexión con los consumidores. Esta característica supone:

▸ Creación de campañas publicitarias personalizadas en función de los intereses del público.

▸ Ajuste dinámico del tono de comunicación en función del contexto del usuario.

▸ Optimización del diseño de logotipos, colores y elementos visuales mediante análisis de preferencias.

## 2.3.4.4 AUTOMATIZACIÓN DEL SERVICIO AL CLIENTE Y CHATBOTS

Los **asistentes virtuales y chatbots** han optimizado la relación con los clientes, mejorando la experiencia y fortaleciendo la imagen de marca. Sus aplicaciones son:

▼ Atención al cliente 24/7 mediante chatbots con IA conversacional.

▼ Respuesta automatizada a consultas frecuentes en redes sociales.

▼ Resolución proactiva de problemas para evitar crisis reputacionales.

Existen múltiples plataformas que utilizan IA para monitorear y mejorar la imagen de marca en el entorno digital.

| Herramienta | Funcionalidad principal | Aplicación en imagen de marca |
|---|---|---|
| Brandwatch | Análisis de sentimiento y reputación digital. | Monitoreo de opiniones sobre la marca en redes y medios digitales. |
| Hootsuite Insights | Seguimiento de redes sociales. | Identificación de tendencias y optimización de engagement. |
| Talkwalker | Análisis de menciones y crisis reputacionales. | Evaluación de impacto de campañas y detección de riesgos. |
| Persado AI | Generación de mensajes personalizados. | Optimización del tono y lenguaje en comunicaciones digitales. |
| IBM Watson NLP | Análisis de lenguaje natural. | Interpretación de comentarios y clasificación de percepciones. |

## 2.3.5 Extrapolación de técnicas y estrategias de casos de éxito

La **Inteligencia Artificial (IA)** ha sido clave en la transformación del marketing y la publicidad, permitiendo a las empresas **optimizar estrategias, personalizar experiencias y mejorar la toma de decisiones**. Analizar **casos de éxito** en la aplicación de IA en marketing y publicidad proporciona información valiosa para extrapolar técnicas y estrategias efectivas a distintos sectores y empresas.

El aprendizaje a partir de estos casos permite identificar **mejores prácticas** y adaptar metodologías comprobadas a nuevos contextos, garantizando una implementación efectiva de la IA en campañas publicitarias, gestión de marca y análisis de mercado.

Las empresas líderes han utilizado la IA en diferentes áreas del marketing, logrando ventajas competitivas significativas. Las principales estrategias incluyen:

- ▶ Adaptación del mensaje y anuncios a las preferencias individuales de cada usuario.

- ▶ Uso de modelos predictivos para anticipar tendencias y comportamientos.

▸ Compra de anuncios en tiempo real para maximizar el impacto publicitario.

▸ Monitoreo de la percepción de marca y ajuste de estrategias de comunicación.

▸ Implementación de chatbots y asistentes virtuales para la atención al cliente.

### 2.3.5.1 NETFLIX: PERSONALIZACIÓN DE CONTENIDO Y MARKETING PREDICTIVO

Netflix ha revolucionado la industria del entretenimiento mediante algoritmos de **Machine Learning y Big Data** para personalizar la experiencia del usuario. Las técnicas utilizadas son:

▸ Algoritmos de recomendación personalizados.

▸ Segmentación avanzada basada en comportamiento de visualización.

▸ Creación de campañas de marketing basadas en tendencias de consumo.

### 2.3.5.2 AMAZON: OPTIMIZACIÓN DE PUBLICIDAD PROGRAMÁTICA Y EXPERIENCIA DE COMPRA

Amazon ha perfeccionado la publicidad programática con **IA y análisis predictivo** para mejorar la conversión de sus campañas. Las técnicas utilizadas son:

▸ Algoritmos de recomendación de productos basados en compras previas.

▸ Segmentación de audiencias con análisis de datos en tiempo real.

▸ Optimización de campañas publicitarias con aprendizaje automático.

### 2.3.5.3 COCA-COLA: ANÁLISIS DE SENTIMIENTO Y GENERACIÓN AUTOMÁTICA DE CONTENIDO

Coca-Cola ha utilizado **IA para analizar tendencias** en redes sociales y adaptar sus campañas publicitarias a las emociones de los consumidores. Las técnicas utilizadas son:

- ◤ Análisis de sentimiento con **procesamiento de lenguaje natural (NLP)**.

- ◤ Generación automatizada de contenido visual con IA generativa.

- ◤ Estrategias de marketing adaptadas a la conversación digital en tiempo real.

### 2.3.5.4 SPOTIFY: INTELIGENCIA ARTIFICIAL PARA LA SEGMENTACIÓN DE ANUNCIOS Y CONTENIDO

Spotify ha implementado **IA para personalizar listas de reproducción y anuncios**, mejorando la experiencia de usuario y la efectividad de su publicidad. Las técnicas utilizadas son:

- ◤ Algoritmos de aprendizaje automático para la recomendación de contenido.

- ◤ Segmentación avanzada en la publicidad basada en hábitos de escucha.

- ◤ Generación automática de listas de reproducción personalizadas.

### 2.3.5.5 NIKE: PUBLICIDAD PROGRAMÁTICA Y EXPERIENCIAS INMERSIVAS CON IA

Nike ha innovado en el uso de IA aplicando publicidad programática y experiencias inmersivas para mejorar la relación con sus consumidores.

Las técnicas utilizadas son:

- Publicidad programática con segmentación avanzada.

- Generación de experiencias de realidad aumentada para mejorar la interacción del cliente.

- Modelos predictivos para personalizar recomendaciones de productos deportivos.

Las estrategias implementadas por las grandes marcas pueden adaptarse a otros sectores, maximizando la eficacia del marketing y la publicidad.

| Estrategia de éxito | Sector original | Posible aplicación en otro sector |
|---|---|---|
| Publicidad programática con IA | Retail y tecnología. | Sector inmobiliario para segmentación avanzada de compradores. |
| Análisis de sentimiento en redes sociales | Industria de bebidas y entretenimiento. | Sector salud para evaluar la percepción de servicios médicos. |
| Recomendaciones personalizadas con Machine Learning | Streaming y e-commerce. | Turismo para personalizar ofertas de viajes y paquetes vacacionales. |
| Generación de contenido con IA | Publicidad y redes sociales. | Educación online para adaptar material de aprendizaje a cada estudiante. |
| Automatización del servicio al cliente con chatbots | Banca y comercio electrónico. | Hostelería y turismo para reservas automatizadas y recomendaciones personalizadas. |

## 2.4 APLICACIÓN DE LOS ÚLTIMOS AVANCES DE LA IA EN MARKETING DIGITAL

El **marketing digital** ha experimentado una transformación radical con la incorporación de **Inteligencia Artificial (IA)**, permitiendo a las marcas mejorar la personalización, optimizar la publicidad y automatizar procesos con mayor eficiencia. Los avances en **Machine Learning, Procesamiento de Lenguaje Natural (NLP), Visión Artificial y Modelos Generativos** han llevado el marketing digital a un nuevo nivel, donde los datos son el principal activo para la toma de decisiones estratégicas.

Las aplicaciones más recientes de la IA han permitido:

▸ **Automatizar la creación de contenido** con modelos generativos.

▸ **Optimizar la segmentación de clientes** con aprendizaje profundo.

▸ **Mejorar la interacción con los usuarios** mediante chatbots avanzados.

▸ **Aumentar la conversión en campañas publicitarias** con predicciones basadas en datos.

### 2.4.1 Ecosistema de aplicaciones y técnicas más utilizados

El ecosistema del marketing digital basado en IA está compuesto por una serie de **herramientas y técnicas avanzadas** que permiten optimizar estrategias y mejorar la relación con los clientes. Estas tecnologías se pueden agrupar en diferentes áreas clave del marketing digital:

1. **Automatización de marketing y segmentación avanzada**

2. **Publicidad programática y optimización de campañas**

3. **Chatbots y asistentes virtuales**

4. **Creación de contenido con IA**

5. **Análisis de datos y predicción de comportamiento**

A continuación, se detallan las principales aplicaciones en cada área.

## 2.4.1.1  AUTOMATIZACIÓN DE MARKETING Y SEGMENTACIÓN AVANZADA

La automatización del marketing con IA permite personalizar la comunicación con cada cliente, optimizando la segmentación y mejorando la tasa de conversión. Las técnicas utilizadas son:

- **Aprendizaje automático (Machine Learning)** para identificar patrones de comportamiento.

- **Procesamiento de datos en tiempo real** para personalizar mensajes.

- **Modelos predictivos** para anticipar las necesidades del cliente.

Con respecto a las herramientas, destacan:

- **HubSpot**:

  Automatización de correos electrónicos con IA

- **Marketo Engage (Adobe)**:

  Segmentación y personalización de contenido.

- **Customer Data Platforms (CDP)**:

  Recopilación y análisis de datos de clientes.

---

### ⓘ EJEMPLO

Un e-commerce utiliza HubSpot para enviar correos personalizados según el historial de compras y la actividad reciente del usuario.

## 2.4.1.2  PUBLICIDAD PROGRAMÁTICA Y OPTIMIZACIÓN DE CAMPAÑAS

La IA ha revolucionado la publicidad digital, permitiendo una compra y optimización de anuncios en tiempo real con **publicidad programática y modelos de predicción de conversión**. Las técnicas utilizadas son:

- ⧩ **Subastas en tiempo real (Real-Time Bidding, RTB)**.

- ⧩ **Optimización automática de anuncios** basada en datos históricos.

- ⧩ **Análisis de sentimiento** para ajustar la publicidad en función de la percepción del usuario.

Las herramientas destacadas son:

- ⧩ **Google Ads AI**: ajuste de pujas y segmentación automática.

- ⧩ **Meta Ads Manager**: personalización de anuncios en redes sociales.

- ⧩ **The Trade Desk**: publicidad programática para múltiples plataformas.

> ### ⓘ EJEMPLO
>
> Una empresa de moda usa Google Ads AI para optimizar el presupuesto de su campaña de publicidad, asignando más inversión a los anuncios con mejor rendimiento.

## 2.4.1.3 CHATBOTS Y ASISTENTES VIRTUALES

Los chatbots basados en IA han mejorado la atención al cliente y la interacción en tiempo real, permitiendo respuestas automatizadas y personalizadas. Las técnicas utilizadas son:

- **Procesamiento de Lenguaje Natural (NLP)** para interpretar consultas de los usuarios.

- **Modelos de aprendizaje profundo** para mejorar la conversación.

- **Análisis de intención del usuario** para ofrecer respuestas más precisas.

Con respecto a las herramientas, destacan:

- **ChatGPT para empresas**: integración de IA conversacional en sitios web y apps.

- **Drift**: Chatbots inteligentes para captación de clientes.

- **ManyChat**: automatización de conversaciones en WhatsApp y Messenger.

> ### ⓘ EJEMPLO
>
> Un banco implementa ChatGPT para empresas en su página web, respondiendo automáticamente a preguntas sobre tarjetas de crédito y préstamos.

## 2.4.1.4  CREACIÓN DE CONTENIDO CON IA

La IA generativa ha revolucionado la producción de contenido, permitiendo la creación de textos, imágenes y vídeos de forma automatizada. Las técnicas utilizadas son:

- **Generación de lenguaje natural (NLG)** para redacción automatizada.

- **Redes neuronales generativas (GANs)** para crear imágenes y vídeos.

- **Análisis de engagement** para ajustar el tono del contenido.

Las herramientas destacadas son:

- **Jasper AI**:
  Redacción de contenido publicitario y blogs.

- **DALL·E**:
  Generación de imágenes a partir de descripciones textuales.

- **Synthesia**:
  Creación de vídeos con avatares generados por IA.

> ### ⓘ EJEMPLO
>
> Un medio de comunicación usa Jasper AI para generar resúmenes de noticias optimizados para SEO.

## 2.4.1.5  ANÁLISIS DE DATOS Y PREDICCIÓN DE COMPORTAMIENTO

Las herramientas de análisis de datos con IA permiten interpretar el comportamiento de los usuarios y prever tendencias en el mercado. Las técnicas utilizadas son:

- ⚑ **Análisis predictivo** para anticipar cambios en la demanda.

- ⚑ **Big Data y minería de datos** para interpretar grandes volúmenes de información.

- ⚑ **Visualización avanzada de datos** para detectar patrones.

Con respecto a las herramientas, destacan:

- **Google Analytics 4 con IA**: predicción de conversiones y segmentación inteligente.

- **Tableau con Machine Learning**: creación de dashboards con predicciones automatizadas.

- **IBM Watson Analytics**: inteligencia artificial aplicada al análisis de mercado.

> **ⓘ EJEMPLO**
>
> Una empresa de retail usa Google Analytics 4 para predecir el abandono del carrito de compras y ofrecer descuentos en tiempo real.

## 2.4.2 Utilización de las principales herramientas para social media marketing

El **Social Media Marketing (SMM)** ha evolucionado con la integración de **Inteligencia Artificial (IA)**, permitiendo una gestión más eficiente de las redes sociales, la automatización de tareas y la optimización de estrategias publicitarias. Actualmente, las marcas utilizan herramientas basadas en IA para **crear, programar, analizar y mejorar** sus campañas en plataformas como Facebook, Instagram, Twitter, LinkedIn, TikTok y YouTube.

A continuación, se presentan las **principales herramientas de IA para Social Media Marketing**, categorizadas según su función en la gestión de redes sociales.

### 2.4.2.1 HERRAMIENTAS PARA LA AUTOMATIZACIÓN Y PROGRAMACIÓN DE CONTENIDO

Estas herramientas permiten programar publicaciones en diferentes plataformas, optimizando el tiempo y asegurando la publicación en los momentos de mayor interacción. Implican:

- ▶ **Machine Learning** para identificar los horarios óptimos de publicación.

- ▶ **Análisis predictivo** para estimar el engagement esperado.

- ▶ **Automatización con IA** para la programación de contenido en múltiples redes sociales.

Las principales herramientas se resumen en la tabla:

| Herramienta | Funcionalidad principal | Aplicación en Social Media Marketing |
|---|---|---|
| Hootsuite | Programación de contenido en múltiples redes. | Facilita la planificación y automatización de publicaciones. |
| Buffer | Gestión de publicaciones y análisis de engagement. | Permite programar contenido y medir el impacto en tiempo real. |
| Sprout Social | Programación de contenido y análisis de interacciones. | Proporciona métricas detalladas sobre la actividad en redes. |

## 2.4.2.2 HERRAMIENTAS DE ANÁLISIS DE MÉTRICAS Y RENDIMIENTO EN REDES SOCIALES

El uso de IA en el análisis de métricas permite optimizar las estrategias en redes sociales, midiendo el rendimiento de cada publicación y detectando tendencias emergentes. Permiten:

- ▶ **Análisis de datos en tiempo real** para medir el impacto de las publicaciones.

- ▶ **Identificación de tendencias** en la conversación digital.

- ▶ **Optimización del contenido** basado en patrones de interacción y comportamiento.

Las principales herramientas se resumen en la tabla:

| Herramienta | Funcionalidad principal | Aplicación en Social Media Marketing |
|---|---|---|
| Google Analytics 4 | Análisis del tráfico y engagement en redes. | Evalúa el impacto de las redes sociales en la conversión de clientes. |
| Brandwatch | Monitoreo de redes sociales y análisis de sentimiento. | Identifica la percepción de la marca en redes sociales. |
| Talkwalker | Seguimiento de menciones y tendencias. | Analiza la evolución de la imagen de marca en tiempo real. |

## 2.4.2.3 HERRAMIENTAS PARA LA SEGMENTACIÓN Y PERSONALIZACIÓN DE ANUNCIOS

El uso de IA en **publicidad en redes sociales** permite segmentar audiencias de manera precisa, optimizando los anuncios para cada usuario en función de su comportamiento y preferencias.

Las técnicas utilizadas son:

- ▶ **Modelos de aprendizaje automático** para ajustar la segmentación en tiempo real.

- ▶ **Análisis de datos de audiencia** para mejorar la personalización de anuncios.

- ▶ **Automatización de campañas** con inteligencia artificial.

Las principales herramientas son:

| Herramienta | Funcionalidad principal | Aplicación en Social Media Marketing |
|---|---|---|
| Meta Ads Manager | Publicidad personalizada en Facebook e Instagram. | Permite segmentar anuncios con precisión según el comportamiento del usuario. |
| LinkedIn Campaign Manager | Publicidad dirigida en LinkedIn. | Facilita campañas de marketing para profesionales y empresas. |
| Persado AI | Optimización del lenguaje de los anuncios. | Mejora la efectividad de los mensajes publicitarios con copywriting basado en IA |

## 2.4.2.4  HERRAMIENTAS PARA CHATBOTS Y AUTOMATIZACIÓN DEL SERVICIO AL CLIENTE

Los **chatbots basados en IA** han revolucionado la atención al cliente en redes sociales, permitiendo una interacción fluida y respuestas automáticas personalizadas. Las técnicas son:

- ▶ **Procesamiento de Lenguaje Natural (NLP)** para interpretar las consultas de los usuarios.

- ▶ **Modelos conversacionales basados en aprendizaje profundo**.

- ▶ **Automatización de respuestas** según el contexto del usuario.

Las principales herramientas se resumen en la tabla:

| Herramienta | Funcionalidad principal | Aplicación en Social Media Marketing |
|---|---|---|
| ManyChat | Chatbots automatizados para Messenger y WhatsApp. | Facilita la comunicación con clientes a través de mensajes automatizados. |
| Drift AI | Chatbots para captación de clientes. | Automatiza la generación de leads en redes sociales. |
| ChatGPT API | Respuestas inteligentes en redes sociales. | Integra inteligencia artificial conversacional en redes y páginas web. |

Por otro lado, las herramientas basadas en **IA generativa** permiten crear imágenes, vídeos y textos optimizados para redes sociales, reduciendo costos y tiempos de producción. Estas implican:

➤ **Redacción automática de copys publicitarios y publicaciones**.

➤ **Generación de imágenes y vídeos con IA**.

➤ **Análisis de engagement** para optimizar el contenido.

Las herramientas destacadas son las siguientes:

| Herramienta | Funcionalidad principal | Aplicación en Social Media Marketing |
|---|---|---|
| Jasper AI | Creación de copys publicitarios con IA. | Redacción automática de textos para publicaciones. |
| DALL·E | Generación de imágenes con IA. | Creación de contenido visual único para redes sociales. |
| Synthesia | Producción de vídeos con avatares generados por IA. | Generación de vídeos sin necesidad de producción física. |

## 2.4.3 Creación y gestión de una cuenta de analítica web

La **analítica web** es un componente fundamental en las estrategias de marketing digital, ya que permite recopilar, medir y analizar datos sobre el comportamiento de los usuarios en un sitio web. Con la integración de **Inteligencia Artificial (IA)**, las herramientas de analítica web han evolucionado para ofrecer insights más detallados, predicciones de tendencias y automatización de informes.

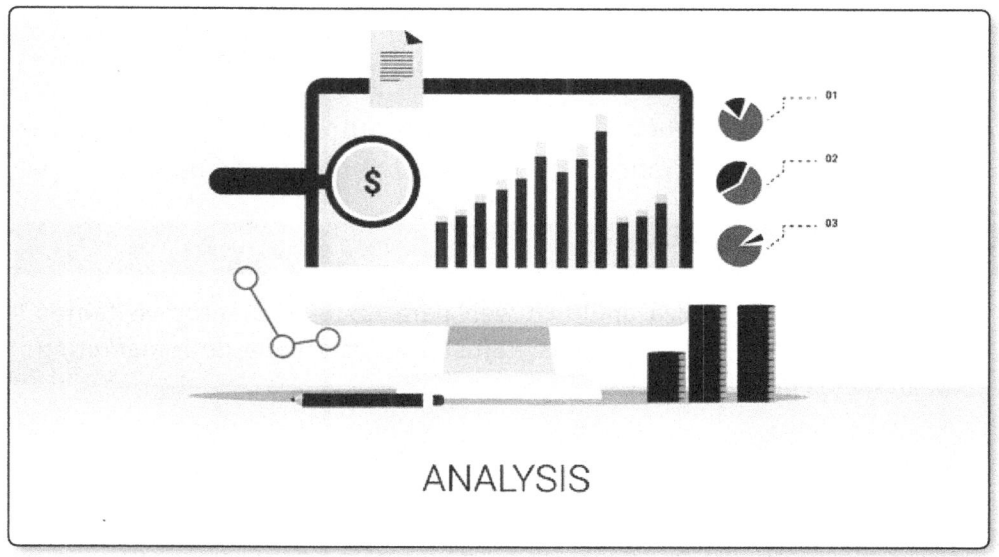

La creación y gestión de una cuenta de analítica web es un proceso clave para cualquier empresa que quiera optimizar su presencia digital, mejorar la conversión y tomar decisiones basadas en datos.

El uso de herramientas de **analítica web** permite a los profesionales del marketing:

▸ **Medir el tráfico web**:

Analizar la cantidad de visitantes y su comportamiento en el sitio.

▶ **Evaluar la efectividad de las campañas**:

Determinar qué estrategias generan mayor conversión.

▶ **Segmentar audiencias**:

Identificar patrones de comportamiento según el perfil del usuario.

▶ **Optimizar la experiencia del usuario (UX)**:

Detectar puntos de mejora en la navegación del sitio.

▶ **Predecir tendencias**:

Utilizar algoritmos de aprendizaje automático para anticipar cambios en el tráfico y el comportamiento de los usuarios.

---

ⓘ **EJEMPLO**

Una tienda online utiliza analítica web para rastrear cuántos visitantes abandonan su carrito de compras y ajustar su estrategia de remarketing con anuncios personalizados.

---

Para comenzar a analizar el rendimiento de un sitio web, es necesario crear una cuenta en una plataforma de **analítica web**, como Google Analytics, Adobe Analytics o Matomo.

Los pasos para crear una cuenta de analítica web son los siguientes:

• **PASO 1.** **Elegir la herramienta adecuada**, por ejemplo:

▶ **Google Analytics 4 (GA4)**:

Plataforma gratuita y potente que permite analizar datos en tiempo real.

▶ **Adobe Analytics**:

Opción avanzada para empresas con grandes volúmenes de datos.

▼ **Matomo**:

Alternativa enfocada en la privacidad, con almacenamiento local de datos.

• **PASO 2. Registrar la cuenta:**

▼ Acceder a la plataforma elegida y crear una cuenta con los datos de la empresa.

▼ Configurar la propiedad web (sitio o aplicación que se desea analizar).

• **PASO 3. Generar el código de seguimiento:**

▼ La herramienta proporcionará un código **JavaScript** que debe insertarse en todas las páginas del sitio web.

▼ Este código permite rastrear el tráfico y las interacciones de los visitantes.

• **PASO 4. Configurar los eventos de medición:**

▼ Definir qué acciones se rastrearán (clics, descargas, formularios completados, compras).

▼ Google Analytics 4 permite configurar eventos personalizados para una medición más detallada.

• **PASO 5. Conectar con otras plataformas:**

▼ Integrar la cuenta con **Google Ads, Search Console, Facebook Pixel u otras herramientas de marketing** para obtener una visión más completa del tráfico web.

Una vez creada la cuenta, es fundamental gestionar los datos de manera estratégica para mejorar el rendimiento del sitio web.

Para que la analítica web sea efectiva, es necesario definir **objetivos claros** y medir su cumplimiento, por ejemplo:

▰ Aumentar las conversiones en una tienda online.

▰ Mejorar la tasa de retención de usuarios en un blog.

▰ Reducir la tasa de rebote en una landing page.

### ⓘ EJEMPLO

Una universidad online establece un objetivo en Google Analytics para rastrear cuántos visitantes completan el formulario de inscripción a sus cursos.

Las herramientas de analítica web permiten generar informes detallados sobre diferentes métricas:

▰ **Tasa de conversión:**

Porcentaje de visitantes que realizan una acción deseada.

▰ **Tasa de rebote:**

Usuarios que abandonan el sitio sin interactuar.

▰ **Tiempo en la página:**

Duración media de la visita.

▰ **Canales de tráfico:**

Origen de los visitantes (orgánico, pagado, redes sociales, email, etc.).

### ⓘ EJEMPLO

Un e-commerce analiza su informe mensual y descubre que el tráfico desde redes sociales genera más conversiones que el tráfico orgánico, por lo que decide invertir más en publicidad en redes.

Las plataformas de analítica web están incorporando **Inteligencia Artificial** para ofrecer funcionalidades avanzadas:

▼ **Modelos predictivos**:

Anticipan tendencias de tráfico y comportamiento del usuario.

▼ **Análisis de cohortes**:

Identifican patrones de comportamiento a lo largo del tiempo.

▼ **Detección de anomalías**:

Alertan sobre cambios inesperados en el tráfico o conversiones.

---

### ⓘ EJEMPLO

Google Analytics 4 utiliza IA para predecir qué usuarios tienen más probabilidades de realizar una compra en los próximos días.

---

Las siguientes herramientas permiten gestionar y optimizar el rendimiento de un sitio web mediante analítica avanzada:

| Herramienta | Funcionalidad principal | Aplicación en marketing digital |
|---|---|---|
| **Google Analytics 4** | Análisis de tráfico y conversiones. | Medición de la interacción del usuario y predicción de comportamiento. |
| **Adobe Analytics** | Segmentación avanzada de audiencias. | Optimización de campañas publicitarias según patrones de datos. |
| **Matomo** | Analítica web con privacidad mejorada. | Permite el almacenamiento local de datos sin depender de terceros. |
| **Hotjar** | Análisis de mapas de calor y grabaciones de sesión. | Evalúa cómo los usuarios interactúan con el sitio web. |
| **Google Tag Manager** | Gestión de etiquetas sin modificar código. | Facilita la implementación de eventos y herramientas de rastreo. |

> **ⓘ EJEMPLO**
>
> Un minorista online usa Hotjar para analizar los mapas de calor de su web y descubre que los usuarios no ven un botón clave, por lo que lo reubica en una posición más visible.

## 2.4.4 Diseño y gestión de una campaña de publicidad web

El **diseño y gestión de una campaña de publicidad web** es un proceso clave en el marketing digital, ya que permite alcanzar audiencias específicas, optimizar la conversión y mejorar el retorno de inversión (**ROI**) mediante anuncios en diversas plataformas. Con la incorporación de **Inteligencia Artificial (IA)**, la publicidad digital ha evolucionado, permitiendo la automatización de la segmentación, la personalización de anuncios y la optimización en tiempo real.

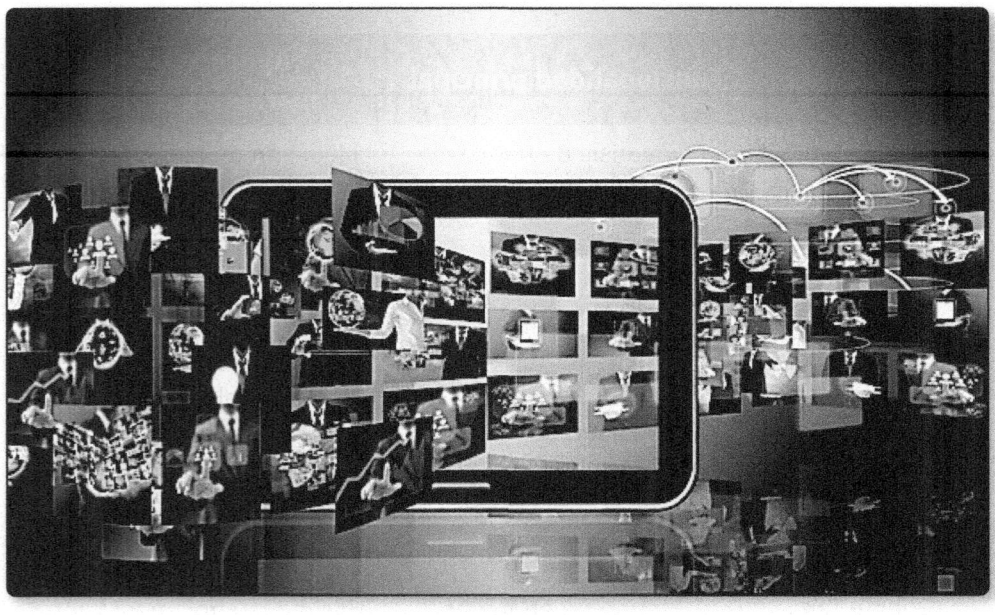

Para diseñar y gestionar una campaña de publicidad web de manera efectiva, es fundamental seguir un enfoque estructurado basado en objetivos claros, estrategias de segmentación, selección de plataformas adecuadas y análisis continuo de métricas.

Para maximizar el impacto de una campaña de publicidad en línea, es esencial seguir un proceso bien definido.

## 2.4.4.1 DEFINICIÓN DE OBJETIVOS

El primer paso en cualquier campaña publicitaria es establecer los **objetivos clave**, los cuales deben estar alineados con la estrategia general de marketing digital, por ejemplo:

- Aumentar la visibilidad de la marca.

- Generar tráfico hacia un sitio web o landing page.

- Incrementar conversiones (ventas, registros, descargas).

- Captar nuevos clientes potenciales (leads).

- Fidelizar a clientes existentes mediante retargeting.

## 2.4.4.2 IDENTIFICACIÓN DEL PÚBLICO OBJETIVO

La segmentación es clave para garantizar que los anuncios lleguen a la audiencia correcta. Estos criterios de segmentación en publicidad web son:

- **Demográfica**:

   Edad, género, ubicación, nivel socioeconómico.

- **Comportamental**:

   Historial de navegación, compras previas, interacciones.

▶ **Psicográfica**:

Intereses, valores, estilos de vida.

▶ **Contextual**:

Tipo de dispositivo, horario de navegación, palabras clave buscadas.

## 2.4.4.3 SELECCIÓN DE PLATAFORMAS PUBLICITARIAS

Cada plataforma ofrece distintos formatos de anuncios y tipos de segmentación. La elección dependerá del objetivo de la campaña y del público objetivo:

| Plataforma | Tipo de publicidad | Casos de uso |
|---|---|---|
| Google Ads | Búsqueda, display, video y shopping. | Generación de tráfico web y conversión. |
| Meta Ads (Facebook & Instagram) | Anuncios en feed, stories y retargeting. | Campañas de engagement y conversión. |
| YouTube Ads | Publicidad en vídeo. | Branding y reconocimiento de marca. |
| LinkedIn Ads | Publicidad en LinkedIn. | Captación de leads B2B y networking profesional. |
| TikTok Ads | Anuncios en vídeo corto. | Impacto en audiencias jóvenes. |

La creatividad y la personalización del mensaje juegan un papel fundamental en el éxito de una campaña publicitaria.

Los elementos clave en el diseño de anuncios son:

▶ **Título atractivo**:

Debe captar la atención del usuario y transmitir valor.

▼ **Imagen o video llamativo**:

El contenido visual debe ser relevante y persuasivo.

▼ **Llamado a la acción (CTA)**:

Mensaje claro que indique qué acción debe realizar el usuario.

▼ **Landing page optimizada**:

La página de destino debe estar alineada con el anuncio y facilitar la conversión.

Por otro lado, las herramientas de IA han mejorado la publicidad digital mediante:

▼ **Machine Learning**:

Ajuste automático de segmentación según la interacción del usuario.

▼ **Optimización de pujas**:

Ajuste del presupuesto en tiempo real para maximizar conversiones.

▼ **Personalización dinámica**:

Adaptación de los anuncios según el comportamiento del usuario.

## ⓘ EJEMPLO

Google Ads usa Smart Bidding para ajustar automáticamente las pujas según la probabilidad de conversión de cada usuario.

El **remarketing** permite volver a impactar a usuarios que han visitado un sitio web sin completar una acción deseada.

Las estrategias son:

- Anuncios personalizados para usuarios que abandonaron el carrito de compras.

- Correos electrónicos automatizados con recomendaciones personalizadas.

- Retargeting en redes sociales con contenido relevante.

### ⓘ EJEMPLO

Un e-commerce usa Meta Ads para mostrar anuncios de productos visitados por los usuarios en su tienda online, incentivando la compra con un descuento exclusivo.

Para evaluar el éxito de una campaña de publicidad web, es fundamental analizar métricas clave y realizar ajustes en función de los datos obtenidos:

| Métrica | Descripción |
|---|---|
| CTR (Click-Through Rate) | Porcentaje de usuarios que hacen clic en el anuncio. |
| Tasa de conversión | Porcentaje de usuarios que completan una acción deseada. |
| Costo por conversión (CPC/CPL) | Costo por cada usuario que realiza una conversión. |
| ROAS (Return on Ad Spend) | Retorno de inversión en publicidad. |
| Engagement | Interacciones en redes sociales como likes, comentarios y compartidos. |

Por último, para optimizar y automatizar campañas de publicidad web, existen diversas herramientas basadas en IA:

| Herramienta | Funcionalidad | Aplicación en publicidad web |
|---|---|---|
| Google Ads AI | Optimización de campañas y pujas automáticas. | Mejora el rendimiento y segmentación en Google. |
| Meta Ads Manager | Publicidad en Facebook e Instagram. | Permite personalización avanzada y retargeting. |
| SEMRush | Investigación de palabras clave y análisis de competencia. | Optimiza la segmentación en Google Ads. |
| Adzooma | Automatización de campañas en Google, Facebook y Bing. | Simplifica la gestión de anuncios en múltiples plataformas. |
| Persado AI | Generación de mensajes publicitarios optimizados. | Crea copys persuasivos con IA. |

## 2.4.5 Diseño y gestión de una campaña de publicidad en redes sociales

La **publicidad en redes sociales** es una de las estrategias más efectivas dentro del marketing digital, ya que permite a las marcas alcanzar audiencias específicas, generar interacción y optimizar la conversión a través de plataformas como **Facebook, Instagram, LinkedIn, Twitter, TikTok y YouTube**.

El uso de **Inteligencia Artificial (IA)** en la gestión de campañas publicitarias en redes sociales ha revolucionado la manera en que las empresas crean, ejecutan y optimizan anuncios, permitiendo una **segmentación avanzada, automatización de contenido y análisis en tiempo real**.

Para diseñar y gestionar una campaña publicitaria efectiva en redes sociales, es fundamental seguir una estructura clara que contemple **objetivos estratégicos, selección de plataformas, segmentación, diseño del anuncio y análisis de resultados**.

Antes de lanzar una campaña publicitaria en redes sociales, es esencial definir los **objetivos** de la estrategia. Los objetivos más comunes en publicidad en redes sociales son:

▸ **Notoriedad de marca:**
   Aumentar el reconocimiento de la empresa en el mercado.

▸ **Interacción y engagement:**
   Fomentar la participación de la audiencia a través de likes, comentarios y compartidos.

▸ **Tráfico web:**
   Atraer visitantes al sitio web o a una landing page específica.

▸ **Conversión y ventas:**
   Generar compras, registros o descargas.

▸ **Captación de leads:**
   Obtener contactos cualificados para futuras acciones de marketing.

Cada red social ofrece diferentes formatos y tipos de anuncios que pueden adaptarse según los objetivos de la campaña:

| Plataforma | Tipos de anuncios disponibles | Casos de uso recomendados |
|---|---|---|
| Facebook Ads | Anuncios en feed, stories, carrusel, colección, retargeting. | Branding, conversión y tráfico web. |
| Instagram Ads | Anuncios en feed, reels, stories, explorador, shopping. | Interacción visual y e-commerce. |
| LinkedIn Ads | Sponsored content, mensajes, anuncios dinámicos. | Captación de leads B2B y networking. |
| Twitter Ads | Promoted Tweets, Promoted Accounts, Video Ads. | Engagement y branding. |
| TikTok Ads | Anuncios en vídeo, Branded Hashtags, Top View. | Campañas virales y audiencias jóvenes. |
| YouTube Ads | Anuncios in-stream, bumper, discovery | Vídeo marketing y notoriedad de marca. |

Por otro lado, el éxito de una campaña en redes sociales depende de una segmentación precisa para que los anuncios lleguen a la audiencia correcta. Los tipos de segmentación en publicidad en redes sociales son:

▸ **Segmentación demográfica**:
Edad, género, ubicación, nivel educativo.

▸ **Segmentación por intereses**:
Hobbies, temas de interés, páginas seguidas.

▸ **Segmentación por comportamiento**:
Historial de navegación, interacciones previas.

▸ **Segmentación por retargeting**:
Impacto a usuarios que han visitado un sitio web o interactuado con contenido previo.

▸ **Segmentación Lookalike (audiencias similares)**:
Creación de públicos con características similares a clientes actuales.

El diseño del anuncio es un factor clave en la efectividad de la campaña. Los anuncios deben ser atractivos, relevantes y contar con un llamado a la acción claro. Los elementos esenciales en un anuncio efectivo son:

▸ **Creatividad visual impactante**:
Uso de imágenes y vídeos de alta calidad.

▸ **Mensaje claro y directo**:
Texto conciso con un beneficio destacado.

▸ **Llamado a la acción (CTA)**:
Invitación a interactuar (Ejemplo: "Compra ahora", "Regístrate gratis").

▶ **Consistencia de marca**:

Uso de colores, tipografías y estilo visual acorde con la identidad de la marca.

Las herramientas basadas en IA han optimizado la publicidad en redes sociales mediante la automatización y el análisis predictivo. Las funciones clave de la IA en campañas de redes sociales son:

▶ **Optimización automática de anuncios**:

Ajuste en tiempo real del presupuesto y segmentación.

▶ **Pruebas A/B automatizadas**:

Evaluación de múltiples versiones de un anuncio para determinar cuál tiene mejor rendimiento.

▶ **Personalización dinámica**:

Adaptación del contenido publicitario en función del usuario y su comportamiento.

Una vez lanzada la campaña, es imprescindible analizar los datos y ajustar la estrategia en función del rendimiento obtenido. En este sentido, las métricas clave en publicidad en redes sociales son:

| Métrica | Descripción |
|---|---|
| CTR (Click-Through Rate) | Porcentaje de clics en el anuncio. |
| Tasa de conversión | Porcentaje de usuarios que completan la acción deseada. |
| Costo por conversión (CPC/CPL) | Costo por cada acción conseguida. |
| ROAS (Return on Ad Spend) | Retorno de inversión en publicidad. |
| Engagement (Interacción) | Cantidad de likes, comentarios y compartidos. |

Por último, existen diversas plataformas y herramientas que facilitan la planificación, automatización y análisis de campañas en redes sociales:

| Herramienta | Funcionalidad principal | Aplicación en publicidad en redes sociales |
|---|---|---|
| Meta Ads Manager | Gestión y optimización de anuncios en Facebook e Instagram. | Publicidad segmentada y automatización de campañas. |
| Hootsuite Ads | Gestión de anuncios en múltiples plataformas. | Centralización de campañas en redes sociales. |
| AdEspresso | Pruebas A/B y optimización de anuncios. | Análisis de rendimiento de anuncios en Facebook e Instagram. |
| Sprinklr | Publicidad y monitoreo en redes sociales. | Gestión avanzada de publicidad en redes sociales. |
| Google Analytics 4 | Análisis del tráfico generado desde redes sociales. | Evaluación del impacto de la publicidad en la conversión. |

## 2.5 PRUEBA DE AUTOEVALUACIÓN

**1. ¿Cuál de las siguientes afirmaciones describe mejor la aplicación de la Inteligencia Artificial en los estudios de mercado?**

a) La IA solo permite automatizar la recopilación de datos sin generar análisis avanzados.

b) **La IA facilita el análisis de grandes volúmenes de datos, predicción de tendencias y segmentación avanzada.**

c) La IA no tiene aplicaciones en la investigación de mercados.

d) La única función de la IA en los estudios de mercado es mejorar la experiencia de usuario en encuestas online.

**2. ¿Cuál es una de las principales ventajas de la publicidad programática basada en IA?**

a) La eliminación de todos los intermediarios humanos en la compra de anuncios.

b) **La compra automatizada de espacios publicitarios en función del perfil del usuario y en tiempo real.**

c) La posibilidad de evitar cualquier tipo de segmentación para anuncios.

d) La limitación del gasto publicitario a una sola plataforma de medios digitales.

**3. ¿Qué técnica permite a la IA mejorar la segmentación del público en campañas publicitarias?**

a) La difusión masiva de anuncios sin filtros previos.

b) La selección manual de los datos de los usuarios sin intervención de algoritmos.

c) **El análisis predictivo y los modelos de Machine Learning para agrupar audiencias con características similares.**

d) El uso exclusivo de encuestas para definir audiencias potenciales.

**4.** **¿Cuál de las siguientes herramientas permite la gestión y automatización de redes sociales con IA?**

a) **Hootsuite**

b) Excel

c) Notion

d) PowerPoint

**5.** **¿Qué ventaja ofrece el uso de chatbots basados en IA en redes sociales?**

a) Reducen la necesidad de personalizar la atención al cliente.

b) **Permiten automatizar la interacción con usuarios y mejorar la experiencia en tiempo real.**

c) Solo sirven para responder preguntas generales y no pueden integrarse con estrategias de marketing.

d) No tienen impacto en la retención de clientes ni en la conversión de ventas.

**6.** **¿Cuál de las siguientes plataformas es la más adecuada para la publicidad B2B?**

a) TikTok Ads

b) Snapchat Ads

c) Instagram Ads

d) **LinkedIn Ads**

**7. ¿Qué papel juega el análisis de sentimiento en la gestión de la imagen de marca?**

a) **Evalúa la percepción de los consumidores sobre una marca a través de redes sociales, reseñas y comentarios.**

b) Solo mide la cantidad de visitas que recibe un sitio web sin evaluar la opinión de los usuarios.

c) Funciona exclusivamente para analizar campañas de publicidad programática.

d) Es una técnica utilizada únicamente en atención al cliente y no en estrategias de marketing.

**8. ¿Cuál es un beneficio clave del uso de Inteligencia Artificial en la gestión de publicidad digital?**

a) La IA elimina la necesidad de realizar pruebas A/B en anuncios.

b) **Permite optimizar anuncios en tiempo real ajustando la segmentación y el presupuesto según el rendimiento**.

c) Solo se aplica en campañas de branding y no en estrategias de conversión.

d) Hace que los anuncios sean menos relevantes para el usuario al automatizar todo el proceso.

**9. ¿Qué herramienta permite analizar el tráfico web y medir el impacto de las redes sociales en la conversión de clientes?**

a) **Google Analytics 4**

b) Canva

c) Shopify

d) Buffer

**10.** ¿Qué técnica permite la personalización de anuncios en redes sociales en función del comportamiento del usuario?

a) Publicidad sin segmentación para alcanzar una audiencia más amplia.

b) Pruebas A/B sin Inteligencia Artificial.

c) Uso exclusivo de publicaciones orgánicas sin inversión en publicidad

d) **Machine Learning y automatización de segmentación mediante audiencias Lookalike.**

## 2.6 RESPUESTAS

**1.** ¿Cuál de las siguientes afirmaciones describe mejor la aplicación de la Inteligencia Artificial en los estudios de mercado?

b) **La IA facilita el análisis de grandes volúmenes de datos, predicción de tendencias y segmentación avanzada.**

**2.** ¿Cuál es una de las principales ventajas de la publicidad programática basada en IA?

b) **La compra automatizada de espacios publicitarios en función del perfil del usuario y en tiempo real.**

**3.** ¿Qué técnica permite a la IA mejorar la segmentación del público en campañas publicitarias?

c) **El análisis predictivo y los modelos de Machine Learning para agrupar audiencias con características similares.**

**4.** ¿Cuál de las siguientes herramientas permite la gestión y automatización de redes sociales con IA?

a) **Hootsuite**

5. ¿Qué ventaja ofrece el uso de chatbots basados en IA en redes sociales?

   b) Permiten automatizar la interacción con usuarios y mejorar la experiencia en tiempo real.

6. ¿Cuál de las siguientes plataformas es la más adecuada para la publicidad B2B?

   d) LinkedIn Ads

7. ¿Qué papel juega el análisis de sentimiento en la gestión de la imagen de marca?

   a) Evalúa la percepción de los consumidores sobre una marca a través de redes sociales, reseñas y comentarios.

8. ¿Cuál es un beneficio clave del uso de Inteligencia Artificial en la gestión de publicidad digital?

   b) Permite optimizar anuncios en tiempo real ajustando la segmentación y el presupuesto según el rendimiento.

9. ¿Qué herramienta permite analizar el tráfico web y medir el impacto de las redes sociales en la conversión de clientes?

   a) Google Analytics 4

10. ¿Qué técnica permite la personalización de anuncios en redes sociales en función del comportamiento del usuario?

   d) Machine Learning y automatización de segmentación mediante audiencias Lookalike.

# Módulo 3

## Desarrollo de soluciones personalizadas de Inteligencia Artificial para el área de marketing

### 3.1 CREACIÓN DE UN MODELO PREDICTIVO CON UNA HERRAMIENTA "NO CODE"

El desarrollo de modelos predictivos ha sido tradicionalmente un proceso complejo que requería conocimientos avanzados en programación y ciencia de datos. Sin embargo, con la aparición de herramientas **"no code"**, ahora es posible crear modelos de Inteligencia Artificial sin necesidad de escribir código.

En el ámbito del marketing, los modelos predictivos permiten anticipar tendencias, segmentar clientes y optimizar campañas publicitarias. **BigML** es una de las plataformas más utilizadas para la construcción de modelos de Machine Learning sin necesidad de programar, facilitando su aplicación en la toma de decisiones estratégicas.

### 3.1.1  Funcionalidades y secciones de BigML

BigML es una herramienta de **Machine Learning "no code"** que permite a los usuarios crear, entrenar y desplegar modelos predictivos de manera intuitiva a través de una interfaz gráfica. Su uso en marketing digital facilita la identificación de patrones de comportamiento en los clientes, la optimización de estrategias y la mejora en la personalización de campañas.

Las principales funcionalidades de BigML incluyen:

1. **Importación y preprocesamiento de datos**:

   Permite subir archivos en diferentes formatos (CSV, JSON) y limpiar los datos para su análisis.

2. **Generación de modelos predictivos**:

   Creación de modelos de Machine Learning como árboles de decisión, regresión logística y redes neuronales.

3. **Segmentación automática de clientes**:

   Clasificación de audiencias en función de su comportamiento.

4. **Predicción de tendencias de mercado**:

   Análisis de patrones históricos para anticipar futuras demandas o cambios en el mercado.

5. **Visualización de datos y modelos**:

   Herramientas gráficas para entender cómo funcionan los modelos sin necesidad de conocimientos en programación.

BigML se divide en varias secciones que permiten una gestión intuitiva del proceso de creación de modelos de Machine Learning.

## 3.1.1.1   DATA SOURCES (FUENTES DE DATOS)

La primera etapa en la creación de un modelo en BigML es la importación de datos. La plataforma permite subir conjuntos de datos desde diversas fuentes como archivos CSV, bases de datos o integraciones con herramientas de terceros.

| | Fuentes | Conjuntos de datos | Supervisado ▾ | Sin supervisión ▾ | Predicciones ▾ | Tareas | | WhizzML ▾ |
|---|---|---|---|---|---|---|---|---|

**Fuentes** 🗑 🔍 ▦⁺ ⬛⁺▾ ⬛⁺▾ ⬛⁺▾

| Tipo | Nombre | | 📅 | 🔒 | ili |
|---|---|---|---|---|---|
| 📊 | **perrito caliente o no.zip**<br>abierto, imagen, 160 fuentes, 237 campos (1 categórico, 234 numéricos, 1 ruta, 1 imagen) | | 2 minutos | 2,2 MB | |
| 📊 | **camión de bomberos.zip**<br>abierto, imagen, 118 fuentes, 236 campos (234 numéricos, 1 ruta, 1 imagen) | | 2 minutos | 1,5 MB | |
| 📊 | **uva-fresa.zip**<br>abierto, imagen, 70 fuentes, 237 campos (1 categórico, 234 numéricos, 1 ruta, 1 imagen) | | 2 minutos | 1,9 MB | |
| 📄 CSV | **Combinación de estadísticas de países**<br>abierto, tabla, 8 campos (8 numéricos) | | 2 minutos | 12,0 KB | |
| 📄 TSV | **Ventas de vino ficticias**<br>abierto, tabla, 6 campos (3 categóricos, 3 numéricos) | | 2 minutos | 51,9 KB | |
| 📄 CSV | **Supervivencia al Titanic**<br>abierto, tabla, 5 campos (3 categóricos, 2 numéricos) | | 2 minutos | 78,0 KB | |
| 📄 BZ2 | **Accidentes de tráfico en Estados Unidos en 2011**<br>abierto, tabla, 16 campos (8 categóricos, 7 numéricos, 1 de fecha y hora) | | 2 minutos | 685,5 KB | |
| 📄 CSV | **Temporada 2011-2012 de la Premier League**<br>abierto, tabla, 26 campos (1 categórico, 24 numéricos, 1 de fecha y hora) | | 2 minutos | 24,7 KB | |
| 📄 GZ | **La rotación de personal en el sector de las telecomunicaciones**<br>abierto, tabla, 20 campos (4 categóricos, 16 numéricos) | | 2 minutos | 270,4 KB | |
| 📄 ZIP | **Diagnóstico de arritmia**<br>abierto, tabla, 280 campos (74 categóricos, 206 numéricos) | | 2 minutos | 533,8 KB | |

Espectáculo [10 ▾] fuentes     1 a 10 de 13 fuentes     |< < **1** 2 > >|

---

### ⓘ EJEMPLO

Un equipo de marketing sube un archivo CSV con datos de clientes (edad, historial de compras, interacciones en redes sociales) para predecir qué usuarios tienen mayor probabilidad de realizar una compra en los próximos 30 días.

## 3.1.1.2 DATASETS (CONJUNTOS DE DATOS)

Una vez cargados, los datos pueden limpiarse y transformarse en conjuntos de datos listos para el entrenamiento del modelo. BigML permite realizar ajustes como:

- Eliminación de valores nulos.

- Creación de nuevas variables basadas en cálculos existentes.

- Selección de características más relevantes.

### ⓘ EJEMPLO

Un ecommerce analiza las interacciones en su página web para determinar qué variables influyen más en la conversión de clientes.

### 3.1.1.3  MODELS (MODELOS DE MACHINE LEARNING)

BigML permite generar varios tipos de modelos de aprendizaje automático, incluyendo:

- **Árboles de decisión**:

  Útiles para clasificar clientes en diferentes segmentos.

- **Regresión logística**:

  Predicción de probabilidades de conversión o abandono.

- **Redes neuronales**:

  Modelos más complejos para el análisis de grandes volúmenes de datos.

### ⓘ EJEMPLO

Una empresa de suscripción usa regresión logística para predecir qué clientes tienen más riesgo de cancelar su suscripción en el próximo mes.

### 3.1.1.4  PREDICTIONS (PREDICCIONES Y APLICACIONES DEL MODELO)

Una vez entrenado el modelo, BigML permite hacer predicciones en tiempo real basadas en datos nuevos. Esto es clave en estrategias de marketing digital, ya que permite adaptar campañas y segmentaciones de manera dinámica.

> ### ⓘ EJEMPLO
>
> Una tienda online usa predicciones para identificar qué usuarios tienen más probabilidades de responder a una oferta personalizada de descuento.

### 3.1.1.5  EVALUATIONS (EVALUACIÓN DEL MODELO)

Para asegurar que el modelo es confiable, BigML proporciona métricas de evaluación como **precisión, recall, F1-score y curvas ROC**. Estas métricas ayudan a determinar si el modelo es útil para la toma de decisiones.

> ### ⓘ EJEMPLO
>
> Un equipo de marketing analiza la precisión de su modelo de segmentación antes de implementarlo en una campaña de email marketing.

## 3.1.2  Seguimiento del proceso para la obtención de un modelo predictivo

El desarrollo de un **modelo predictivo** con herramientas **"no code"** como **BigML** implica una serie de pasos estructurados que permiten transformar datos en información útil para la toma de decisiones en marketing. Este proceso se basa en la aplicación de **Machine Learning** para analizar patrones, hacer predicciones y mejorar estrategias de negocio.

A continuación, se detallan las etapas clave en el proceso de obtención de un modelo predictivo dentro de una herramienta **sin necesidad de programación**.

## 3.1.2.1  IMPORTACIÓN Y PREPARACIÓN DE DATOS

El primer paso para construir un modelo predictivo es cargar los datos que servirán de base para el entrenamiento. En herramientas como **BigML**, esta acción se realiza en la sección de **"Fuentes de Datos"**, donde los usuarios pueden subir archivos en distintos formatos (**CSV, JSON, XLS, ZIP, etc.**) y conectarlos con bases de datos externas.

Las tareas en esta fase son:

- ▼ Subida de datos desde un archivo o integración con plataformas externas.

- ▼ Verificación del formato de los datos y compatibilidad con la herramienta.

- ▼ Eliminación de valores nulos o inconsistentes para mejorar la calidad del modelo.

- ▼ Normalización de datos para evitar sesgos en el entrenamiento del modelo.

### ⓘ EJEMPLO

Un equipo de marketing sube un archivo CSV con datos de clientes (historial de compras, visitas a la web, edad, ubicación) para analizar qué usuarios tienen mayor probabilidad de comprar un nuevo producto.

## 3.1.2.2  CREACIÓN DEL CONJUNTO DE DATOS (DATASET)

Después de cargar los datos, es necesario convertirlos en un **Dataset**, es decir, una estructura de datos procesada y optimizada para el aprendizaje automático. En esta etapa se pueden realizar ajustes adicionales, como:

- ▸ Selección de las variables más relevantes (**feature selection**).

- ▸ Transformación de datos categóricos en valores numéricos.

- ▸ Creación de nuevas variables en base a cálculos derivados de las existentes.

---

ⓘ **EJEMPLO**

Un comercio electrónico crea una nueva variable "Frecuencia de compra" basada en el número de compras mensuales realizadas por cada usuario.

---

### 3.1.2.3  GENERACIÓN DEL MODELO DE MACHINE LEARNING

Una vez que los datos están listos, se procede a entrenar un modelo de **Machine Learning**.

En herramientas como **BigML**, este proceso se simplifica con opciones visuales, permitiendo a los usuarios seleccionar el tipo de modelo más adecuado. Los tipos de modelos disponibles son:

- ▸ **Árboles de decisión:** para clasificar clientes en diferentes grupos según su comportamiento.

- ▸ **Regresión logística:** para predecir la probabilidad de que un usuario realice una compra o abandone el carrito.

- ▸ **Redes neuronales:** para detectar patrones complejos en grandes volúmenes de datos.

---

ⓘ **EJEMPLO**

Un retailer entrena un árbol de decisión para identificar qué combinación de variables (edad, ingresos, historial de compras) influye más en la conversión de clientes.

## 3.1.2.4 EVALUACIÓN DEL MODELO Y OPTIMIZACIÓN

Antes de utilizar un modelo predictivo en una estrategia de marketing, es necesario evaluar su precisión y ajustar sus parámetros para obtener mejores resultados. Las tareas en esta fase son:

- ▼ División de datos en **entrenamiento y prueba** (80%–20%).

- ▼ Análisis de métricas de precisión como **accuracy, recall y F1-score**.

- ▼ Identificación de sobreajuste (overfitting) y ajuste de hiperparámetros.

> ### ⓘ EJEMPLO
>
> Una empresa de suscripción compara el rendimiento de su modelo predictivo en diferentes conjuntos de datos y ajusta la segmentación de clientes en función de los resultados obtenidos.

## 3.1.2.5 GENERACIÓN DE PREDICCIONES Y APLICACIÓN DEL MODELO

Después de evaluar el modelo, se puede utilizar para hacer predicciones en datos nuevos. En **BigML**, esta funcionalidad permite obtener resultados en tiempo real para aplicarlos en estrategias de marketing. Las tareas en esta fase son:

- ▼ Aplicación del modelo en nuevos datos de clientes.

- ▼ Generación de insights sobre tendencias y comportamiento del consumidor.

- ▼ Integración del modelo con plataformas de CRM o automatización de marketing.

> ### (i) EJEMPLO
>
> Un negocio de moda utiliza su modelo predictivo para personalizar sus anuncios en redes sociales, mostrando ofertas específicas a usuarios con alta probabilidad de conversión.

### 3.1.2.6 IMPLEMENTACIÓN Y MEJORA CONTINUA DEL MODELO

El proceso de Machine Learning es dinámico y debe ajustarse de manera continua para mejorar su precisión. Esto implica monitorear el rendimiento del modelo y actualizarlo con datos recientes. Las tareas en esta fase son:

- ◤ Monitoreo del modelo con datos en tiempo real.

- ◤ Ajustes periódicos en la segmentación de clientes.

- ◤ Entrenamiento del modelo con nuevos datos para mejorar su precisión.

> ### (i) EJEMPLO
>
> Una empresa de seguros ajusta su modelo predictivo cada trimestre para reflejar cambios en las tendencias de compra y reducir errores en la predicción de abandono de clientes.

## 3.1.3 Integración del modelo obtenido en BigML en una aplicación de marketing

Una vez que un **modelo predictivo** ha sido desarrollado y evaluado en **BigML**, el siguiente paso es su integración en una **aplicación de marketing** para que pueda generar valor real en la toma de decisiones. Esta implementación permite que las empresas aprovechen el **Machine Learning** para mejorar la personalización, segmentación y optimización de campañas en plataformas digitales.

La integración del modelo en herramientas de marketing puede realizarse de manera sencilla a través de **APIs, automatización de procesos o herramientas de terceros**, sin necesidad de programación avanzada.

Existen diversas formas de implementar un modelo obtenido en **BigML** en una estrategia de marketing. Estas incluyen su conexión con **CRM, plataformas de publicidad, email marketing, chatbots y sistemas de automatización**.

---

### ⓘ EJEMPLO

Un e-commerce que ha desarrollado un modelo de predicción de compra en BigML puede integrarlo en su CRM para enviar automáticamente descuentos personalizados a los clientes con mayor probabilidad de conversión.

---

BigML ofrece una **API RESTful** que permite a las aplicaciones externas conectarse con los modelos creados en la plataforma y utilizarlos para hacer predicciones en tiempo real.

Las ventajas de la API de BigML son:

- ▸ Permite integrar modelos en plataformas de marketing digital sin necesidad de exportarlos manualmente.

- ▸ Facilita la automatización de predicciones en CRM, chatbots y publicidad programática.

- ▸ Funciona con múltiples lenguajes y herramientas como Python, Zapier o plataformas "no code".

---

### ⓘ EJEMPLO

Un negocio de suscripción conecta su modelo predictivo con su CRM mediante la API de BigML, permitiendo que el sistema identifique automáticamente a los clientes con riesgo de cancelar su suscripción y les envíe promociones exclusivas.

Las predicciones generadas en BigML pueden utilizarse en **plataformas de automatización de marketing** como **HubSpot, ActiveCampaign o Mailchimp**, para mejorar la personalización de las interacciones con los clientes. Sus aplicaciones en marketing digital son:

- **Email Marketing Predictivo**:

  Envío de correos electrónicos personalizados según la probabilidad de conversión del usuario.

- **Publicidad en redes sociales**:

  Segmentación avanzada basada en el perfil del cliente.

- **Automatización de chatbots**:

  Adaptación del discurso de venta en función de las predicciones de comportamiento del usuario.

Por otro lado, el modelo predictivo puede optimizar campañas publicitarias en **Google Ads, Facebook Ads e Instagram Ads**, permitiendo ajustar la segmentación y los presupuestos en función del comportamiento del usuario. Su integración en publicidad digital permite:

- Mejora la eficiencia de las campañas al mostrar anuncios solo a clientes con alta intención de compra.

- Ajusta automáticamente las pujas en Google Ads según la probabilidad de conversión de cada usuario.

- Personaliza los anuncios dinámicos en Meta Ads en función del historial de interacción del usuario.

Las empresas pueden integrar los modelos de BigML en **CRM** como **Salesforce, HubSpot o Zoho**, permitiendo una gestión automatizada y personalizada de la relación con los clientes.

Algunos casos de uso en CRM pueden ser:

- Predicción de **churn** (abandono de clientes) para activar estrategias de fidelización.

- Priorización de clientes potenciales en función de la probabilidad de conversión.

- Personalización de ofertas y promociones según patrones de compra.

> ### ⓘ EJEMPLO
>
> Una aseguradora usa BigML para predecir qué clientes tienen mayor probabilidad de cambiarse a la competencia. Luego, su CRM activa automáticamente una oferta de retención personalizada para estos clientes antes de que cancelen su póliza.

Una vez que el modelo se ha implementado en una aplicación de marketing, es importante monitorear su rendimiento y hacer ajustes periódicos para mejorar su precisión Las estrategias de mejora continua son:

- **Análisis de métricas**:
  Evaluar la efectividad del modelo con datos en tiempo real.

- **Retrain del modelo**:
  Actualizar el modelo con nuevos datos para mejorar su precisión.

- **Pruebas A/B**:
  Comparar diferentes estrategias basadas en predicciones del modelo.

Por lo tanto, la integración de un modelo predictivo obtenido en **BigML** en una aplicación de marketing permite **automatizar procesos, mejorar la segmentación y aumentar la eficiencia de campañas publicitarias y estrategias de fidelización**.

Gracias a la conexión con **APIs, plataformas de automatización, herramientas de publicidad digital y CRM,** las empresas pueden utilizar los modelos de **Machine Learning sin necesidad de programar,** asegurando una implementación rápida y efectiva.

La clave del éxito en esta integración es el **monitoreo continuo y la actualización del modelo,** permitiendo a las empresas adaptarse a las tendencias del mercado y mejorar constantemente su estrategia de marketing digital.

## 3.2 APLICACIÓN DE LAS HERRAMIENTAS DE GCP (GOOGLE CLOUD PLATFORM) PARA IA

Google Cloud Platform (**GCP**) ofrece un ecosistema robusto de herramientas basadas en **Inteligencia Artificial (IA) y Machine Learning (ML)** que permiten a las empresas mejorar la gestión de datos, la automatización de procesos y la toma de decisiones estratégicas.

Google Cloud Platform

Dentro del área de **marketing digital**, GCP proporciona soluciones para **gestionar grandes volúmenes de datos, generar modelos predictivos, automatizar análisis y mejorar la personalización** en campañas publicitarias.

## 3.2.1 Gestión de datos con BigQuery

BigQuery es una de las herramientas más poderosas dentro de **GCP**, diseñada para el análisis y gestión de grandes volúmenes de datos en tiempo real. Se trata de un **almacén de datos serverless y escalable**, optimizado para ejecutar consultas SQL a gran escala sin necesidad de administrar la infraestructura.

En el ámbito del **marketing digital e Inteligencia Artificial**, **BigQuery** permite analizar datos de clientes, optimizar campañas publicitarias, segmentar audiencias y mejorar la personalización de contenidos mediante modelos de aprendizaje automático integrados.

BigQuery ofrece diversas funcionalidades clave que lo convierten en una solución ideal para la **gestión y análisis de datos en marketing**:

1. **Procesamiento de datos en la nube**: no requiere servidores físicos, lo que permite escalabilidad automática.

2. **Análisis de datos en tiempo real**: permite realizar consultas sobre grandes volúmenes de datos en segundos.

3. **Integración con Machine Learning (BigQuery ML)**: creación de modelos de predicción directamente desde SQL.

4. **Conectividad con herramientas externas**: compatible con Google Analytics 4, Google Ads, Looker Studio y otras plataformas de análisis.

5. **Seguridad y cumplimiento normativo**: protección avanzada de datos y cumplimiento de normativas como GDPR.

> ### ⓘ EJEMPLO
>
> Un equipo de marketing de una tienda online usa BigQuery para analizar millones de registros de clientes y predecir qué usuarios tienen más probabilidades de comprar en los próximos 7 días, optimizando así sus campañas publicitarias.

BigQuery facilita la integración y análisis de datos en distintas áreas del marketing digital. Algunas de sus aplicaciones más relevantes incluyen.

## 3.2.1.1 ANÁLISIS AVANZADO DEL COMPORTAMIENTO DEL CLIENTE

BigQuery permite analizar el **comportamiento de los usuarios en un sitio web, aplicación o ecommerce**, combinando datos de distintas fuentes. Los casos de uso son:

- ▶ Segmentación de clientes en función de su historial de compras.

- ▶ Análisis de interacciones en redes sociales y respuesta a campañas publicitarias.

- ▶ Predicción del abandono del carrito de compras y activación de estrategias de remarketing.

> **ⓘ EJEMPLO**
>
> Un marketplace de tecnología usa BigQuery para analizar qué tipo de productos tienen más probabilidades de comprarse después de una primera compra, optimizando así sus estrategias de venta cruzada (cross-selling).

### 3.2.1.2 OPTIMIZACIÓN DE CAMPAÑAS DE PUBLICIDAD DIGITAL

BigQuery puede **conectarse con Google Ads y Google Analytics 4** para analizar el rendimiento de las campañas publicitarias y optimizar la asignación de presupuesto. Los casos de uso son:

- ▼ Análisis de las métricas de conversión de campañas en Google Ads.

- ▼ Identificación de los canales de adquisición con mejor ROI (retorno de inversión).

- ▼ Ajuste dinámico de estrategias publicitarias basado en datos históricos.

> **ⓘ EJEMPLO**
>
> Una empresa de moda utiliza BigQuery y Google Ads para analizar qué anuncios generan más conversiones y redistribuye automáticamente su presupuesto publicitario en función del rendimiento.

### 3.2.1.3 CREACIÓN DE MODELOS PREDICTIVOS CON BIGQUERY ML

BigQuery ML permite la creación de modelos de **Machine Learning directamente en SQL**, sin necesidad de usar herramientas externas. Esto permite predecir tendencias, segmentar clientes y automatizar decisiones de marketing.

Los casos de uso son:

▸ Predicción de clientes con mayor probabilidad de conversión.

▸ Análisis de sentimiento en reseñas y comentarios de clientes.

▸ Segmentación automática de audiencias con modelos de clasificación.

### ⓘ EJEMPLO

Un banco usa BigQuery ML para predecir qué clientes tienen mayor interés en tarjetas de crédito premium, personalizando así sus ofertas.

### 3.2.1.4 VISUALIZACIÓN DE DATOS Y REPORTES EN TIEMPO REAL

BigQuery se integra con herramientas de visualización como **Looker Studio (Google Data Studio)** para generar reportes interactivos y facilitar la toma de decisiones en tiempo real. Los casos de uso son:

▸ Creación de dashboards personalizados con métricas de rendimiento.

▸ Comparación del comportamiento de los usuarios en diferentes campañas.

▸ Identificación de tendencias de mercado y ajuste de estrategias.

### ⓘ EJEMPLO

Un equipo de marketing crea un dashboard en Looker Studio conectado a BigQuery para visualizar en tiempo real el impacto de una campaña en distintas regiones del país.

BigQuery no funciona de manera aislada, sino que se **conecta con múltiples plataformas** para potenciar el análisis de datos en marketing digital.

| Herramienta | Funcionalidad |
|---|---|
| Google Analytics 4 | Análisis avanzado de tráfico web y comportamiento del usuario. |
| Google Ads | Optimización de campañas publicitarias mediante análisis de datos en tiempo real. |
| Looker Studio | Visualización de datos y creación de dashboards interactivos. |
| BigQuery ML | Creación de modelos de Machine Learning en SQL. |
| Google Cloud Storage | Almacenamiento y procesamiento de grandes volúmenes de datos. |

## 3.2.2 Creación de un modelo predictivo con BigQuery

BigQuery no solo es una plataforma de **almacenamiento y análisis de datos en la nube**, sino que también ofrece funcionalidades avanzadas de **Machine Learning (ML)** a través de **BigQuery ML**. Esta herramienta permite a los profesionales de marketing construir y entrenar **modelos predictivos directamente desde SQL**, sin necesidad de programar en Python o R, facilitando la integración del **Machine Learning** en estrategias de negocio.

En este apartado, se explorará el **proceso paso a paso para la creación de un modelo predictivo con BigQuery**, centrándose en su aplicación dentro del **marketing digital**.

### ¿Qué es BigQuery ML y cómo se aplica en marketing?

BigQuery ML es una extensión de BigQuery que permite **crear, entrenar y desplegar modelos de Machine Learning utilizando consultas SQL**. Esto simplifica la adopción de **IA en marketing** al eliminar la necesidad de configurar entornos de desarrollo complejos.

Las aplicaciones de BigQuery ML en marketing digital son:

▼ **Predicción de conversión de clientes**:
Estimación de la probabilidad de compra de un usuario.

▼ **Segmentación avanzada de audiencias**:
Identificación de clientes con características similares.

▼ **Optimización de campañas publicitarias**:
Ajuste de presupuesto y segmentación en Google Ads.

▼ **Análisis de abandono de clientes (churn)**:
Detección de usuarios con alta probabilidad de cancelar un servicio.

---

ⓘ **EJEMPLO**

Un ecommerce utiliza BigQuery ML para predecir qué clientes tienen mayor probabilidad de abandonar el carrito de compra sin finalizar la transacción.

---

A continuación, se describe el **proceso paso a paso** para construir un modelo de predicción de conversión de clientes utilizando **BigQuery ML**.

• **PASO 1. Preparación e importación de los datos**

Antes de crear un modelo, es necesario asegurarse de que los datos están bien estructurados y almacenados en **BigQuery**.

Las tareas en esta fase son:

1. Subida de datos a BigQuery (desde Google Analytics, Google Ads, CRM, archivos CSV, etc.).

2. Verificación y limpieza de datos (eliminar valores nulos, corregir inconsistencias).

3. Creación de una tabla en BigQuery con variables relevantes para la predicción.

---

## ⓘ EJEMPLO

Una empresa de retail carga en BigQuery una tabla con datos de clientes, incluyendo:

- Historial de compras.
- Interacción con anuncios.
- Frecuencia de visitas al sitio web.
- Datos demográficos (edad, ubicación, género, etc.).

• **PASO 4.** Creación del modelo de Machine Learning en SQL

Una vez que los datos están listos, se puede **crear y entrenar un modelo predictivo** con una simple consulta SQL en BigQuery ML.

El **código SQL para crear un modelo en BigQuery ML** es el siguiente:

```
1   CREATE OR REPLACE MODEL `mi_proyecto.mi_dataset.modelo_conversion_clientes`
2   OPTIONS (model_type='logistic_reg') AS
3   SELECT
4      edad,
5      historial_compras,
6      interaccion_ads,
7      tiempo_en_sitio,
8      case when compra_realizada = 'Sí' then 1 else 0 end as objetivo
9   FROM `mi_proyecto.mi_dataset.usuarios`;
10
```

---

## ⓘ NOTA

Explicación del código:

Se crea un modelo de regresión logística, ideal para predecir eventos binarios (como si un cliente comprará o no).

Se seleccionan variables clave (edad, historial de compras, interacción con anuncios, etc.).

Se define la variable objetivo (compra_realizada), que indica si el usuario compró o no.

---

### ⓘ EJEMPLO

El equipo de marketing de un ecommerce crea este modelo para predecir qué usuarios tienen mayor probabilidad de realizar una compra después de ver un anuncio en Google Ads.

**• PASO 5. Entrenamiento y evaluación del modelo**

Después de crear el modelo, es importante evaluar su precisión y ajustar sus parámetros:

```
1  SELECT *
2  FROM ML.EVALUATE(MODEL `mi_proyecto.mi_dataset.modelo_conversion_clientes`,
3  (
4  SELECT
5    edad,
6    historial_compras,
7    interaccion_ads,
8    tiempo_en_sitio,
9    case when compra_realizada = 'Sí' then 1 else 0 end as objetivo
10 FROM `mi_proyecto.mi_dataset.usuarios`
11 ));
12 |
```

Las métricas clave que devuelve esta consulta son:

▸ **Accuracy (Precisión):**

Indica qué tan preciso es el modelo en sus predicciones.

▸ **Recall y F1-Score:**

Evalúan el rendimiento en distintos escenarios.

▸ **AUC-ROC:**

Determina la capacidad del modelo para distinguir entre compradores y no compradores.

> ⓘ **EJEMPLO**
>
> Si el equipo de marketing nota que el modelo tiene una precisión del 85%, pueden ajustar la segmentación en sus campañas publicitarias basándose en las predicciones obtenidas

• **PASO 6. Generación de predicciones en tiempo real**

Una vez que el modelo está entrenado y evaluado, se puede utilizar para predecir el comportamiento de nuevos usuarios:

```sql
SELECT
    edad,
    historial_compras,
    interaccion_ads,
    tiempo_en_sitio,
    ML.PREDICT(MODEL `mi_proyecto.mi_dataset.modelo_conversion_clientes`,
        STRUCT(30 AS edad, 5 AS historial_compras, 8 AS interaccion_ads, 15 AS tiempo_en_sitio)) AS prediccion
FROM `mi_proyecto.mi_dataset.usuarios`
LIMIT 10;
```

> ⓘ **NOTA**
>
> Explicación del código:
>
> Se usa la función ML.PREDICT() para estimar la probabilidad de compra de cada usuario.
>
> Se generan predicciones en función de los datos almacenados en BigQuery.

> ⓘ **EJEMPLO**
>
> Un negocio de software usa este modelo para predecir qué visitantes tienen más probabilidad de contratar su servicio premium, permitiendo personalizar sus anuncios en Google Ads.

El modelo entrenado con **BigQuery ML** puede integrarse en diferentes estrategias de marketing digital:

- **Automatización de campañas publicitarias**:

  Ajustar la segmentación de anuncios en Google Ads según las predicciones.

- **Personalización de correos electrónicos**:

  Enviar descuentos a usuarios con alta probabilidad de conversión.

- **Optimización de la experiencia del usuario**:

  Mostrar contenido adaptado al comportamiento del cliente.

- **Gestión de clientes en CRM**:

  Identificar clientes con riesgo de abandono y aplicar estrategias de fidelización.

> ⓘ EJEMPLO
>
> Una aerolínea usa BigQuery ML para predecir qué clientes tienen más probabilidad de reservar un vuelo en los próximos días y les envía promociones personalizadas a través de Google Ads y email marketing.

Los beneficios de usar BigQuery ML en marketing digital son:

- Automatización del análisis de datos sin necesidad de programación compleja.
- Predicciones en tiempo real para optimizar estrategias de marketing.
- Integración directa con Google Ads, Google Analytics y CRM.
- Escalabilidad y procesamiento eficiente de grandes volúmenes de datos.
- Ahorro de costos y tiempo en la implementación de modelos predictivos.

---

**ⓘ EJEMPLO**

Una empresa de suscripción digital ahorra 40% del presupuesto publicitario al utilizar BigQuery ML para predecir qué clientes tienen más probabilidades de renovar su membresía.

## 3.2.3 Generación de un cuadro de mandos (KPI) con Looker Studio

El análisis de datos en **marketing digital** requiere herramientas que permitan visualizar y monitorear el rendimiento de campañas, clientes y estrategias en tiempo real. **Looker Studio (antes conocido como Google Data Studio)** es una plataforma de Google Cloud que permite la creación de **cuadros de mando interactivos** con indicadores clave de desempeño (**KPI**).

En este apartado se abordará el proceso de **creación de un cuadro de mandos (dashboard) con KPI en Looker Studio**, su integración con otras herramientas de marketing y su aplicación en la toma de decisiones.

**¿Qué es Looker Studio y cómo se aplica en marketing digital?**

**Looker Studio** es una herramienta gratuita que permite conectar múltiples fuentes de datos para generar informes interactivos y dashboards en tiempo real. En el contexto del marketing digital, facilita el seguimiento de métricas clave como el **tráfico web, tasas de conversión, rendimiento de anuncios y segmentación de clientes**.

Los beneficios de Looker Studio en marketing digital son los siguientes:

⯈ **Automatización de informes**:

Elimina la necesidad de generar reportes manuales.

⯈ **Visualización de datos en tiempo real**:

Integración con Google Analytics, Google Ads y BigQuery.

⯈ **Personalización de métricas**:

Creación de KPIs específicos según los objetivos de la empresa.

⯈ **Colaboración en equipo**:

Posibilidad de compartir dashboards con distintos departamentos.

Para crear un cuadro de mandos eficaz, es importante estructurar bien el proceso y definir qué indicadores se desean medir.

• **PASO 1.** **Definir los KPIs del cuadro de mando**

Antes de construir el dashboard, se deben establecer los **indicadores clave de desempeño (KPI)** más relevantes para la estrategia de marketing. Algunos ejemplos de KPI en marketing digital son:

⯈ **Tráfico web**:

Número de visitantes únicos y sesiones en el sitio web.

⯈ **Tasa de conversión**:

Porcentaje de usuarios que realizan una acción deseada (compra, registro).

⯈ **Costo por adquisición (CPA)**:

Costo promedio de obtener un nuevo cliente.

> **Retorno de inversión publicitaria (ROAS)**:

Ingresos generados por cada euro gastado en publicidad.

> **Engagement en redes sociales**:

Likes, comentarios, compartidos y clics en publicaciones.

• **PASO 2. Conectar fuentes de datos**

Looker Studio permite conectar diversas plataformas de análisis y publicidad para centralizar la información en un solo informe. Las fuentes de datos más utilizadas en marketing digital son:

> **Google Analytics 4**:

Datos sobre tráfico web, comportamiento del usuario y conversiones.

> **Google Ads**:

Rendimiento de anuncios y retorno de inversión (ROAS).

> **BigQuery**:

Análisis avanzado de datos e integración con modelos predictivos.

> **Google Search Console**:

Información sobre posicionamiento SEO y rendimiento de palabras clave.

> **Redes sociales (Facebook, Instagram, LinkedIn)**:

Métricas de interacción y alcance.

• **PASO 3. Construcción del cuadro de mando en Looker Studio**

Una vez conectadas las fuentes de datos, se procede a la creación del dashboard interactivo.

Los elementos clave en un cuadro de mandos son los siguientes:

▸ **Gráficos de líneas y barras**:

Comparación de métricas a lo largo del tiempo.

▸ **Tablas dinámicas**:

Análisis detallado de KPIs segmentados por canal o campaña.

▸ **Filtros interactivos**:

Permiten seleccionar períodos específicos o fuentes de tráfico.

▸ **Indicadores numéricos (cards)**:

Valores clave como ingresos totales, CPA o conversiones.

• **PASO 4. Personalización y automatización del informe**

Looker Studio permite configurar **actualizaciones automáticas** para que los datos se refresquen en tiempo real sin necesidad de generar informes manualmente. Las opciones de personalización y automatización son:

▸ **Aplicación de filtros dinámicos**:

Visualización de datos por región, canal o dispositivo.

▸ **Comparación de períodos**:

Análisis del rendimiento actual vs. el período anterior.

▸ **Actualización en tiempo real**:

Sincronización automática con fuentes de datos.

▸ **Notificaciones y alertas**:

Envío de informes a equipos de marketing y directivos.

Looker Studio se puede potenciar con herramientas de **Machine Learning e Inteligencia Artificial** dentro de Google Cloud Platform, como **BigQuery ML** o **Vertex AI**, para realizar análisis predictivos y recomendaciones avanzadas. Los casos de uso con IA en marketing son:

▸ **Predicción de ventas y tendencias**:

Análisis de datos históricos para anticipar el comportamiento del mercado.

▸ **Segmentación automática de clientes**:

Identificación de audiencias con alto potencial de conversión.

▸ **Optimización de anuncios en Google Ads**:

Ajuste dinámico de presupuestos en función de predicciones de rendimiento.

Una vez implementado el cuadro de mandos, es importante **monitorear su utilidad y hacer ajustes periódicos** para mejorar la visualización y la toma de decisiones. Algunas estrategias de optimización son:

▸ **Revisión de métricas clave**:

Ajuste de KPIs según los objetivos del negocio.

▸ **Comparación con benchmarks del sector**:

Evaluación del rendimiento en relación con la competencia.

▸ **Pruebas A/B en informes**:

Experimentación con diferentes formatos de visualización.

▸ **Feedback del equipo**:

Identificación de mejoras según las necesidades de los usuarios.

### 3.2.4 Creación de un agente inteligente con DialogFlow

Los **agentes inteligentes** han revolucionado la forma en que las empresas interactúan con los clientes, mejorando la atención al cliente, la personalización de las respuestas y la automatización de procesos. **DialogFlow**, una de las herramientas más avanzadas dentro de **Google Cloud Platform (GCP)**, permite la creación de **chatbots y asistentes virtuales impulsados por Inteligencia Artificial**, con la capacidad de comprender y responder a los usuarios de manera natural.

**¿Qué es DialogFlow y cómo se aplica en marketing digital?**

**DialogFlow** es una plataforma de **Procesamiento de Lenguaje Natural (NLP)** desarrollada por Google que permite diseñar, entrenar e implementar **asistentes virtuales y chatbots** para interactuar con usuarios mediante texto o voz. Las aplicaciones de DialogFlow en marketing digital son:

- **Automatización de atención al cliente**:

  Responde consultas de clientes en tiempo real sin intervención humana.

- **Generación de leads**:

  Capta datos de clientes potenciales para integrarlos en un CRM.

- **Soporte en redes sociales y mensajería**:

  Se integra con **WhatsApp, Facebook Messenger, Telegram y Google Assistant**.

- **Personalización de recomendaciones**:

  Responde con productos o servicios según el perfil del usuario.

La creación de un agente en **DialogFlow** sigue un proceso estructurado que incluye la definición de intenciones, la configuración de respuestas y la integración con plataformas de mensajería.

• **PASO 1.** **Creación de un nuevo agente en DialogFlow**

Para iniciar un proyecto en **DialogFlow**, es necesario crear un **agente** dentro de la plataforma. Los pasos para crear un agente son:

1. Acceder a **DialogFlow CX** o **DialogFlow ES** en la consola de Google Cloud.

2. Crear un **nuevo agente** con un nombre y un idioma definido.

3. Seleccionar el tipo de modelo de conversación (**predeterminado o basado en aprendizaje automático**).

4. Conectar el agente con una cuenta de Google Cloud Platform para gestionar la API.

• **PASO 5.** **Configuración de intenciones (Intents)**

Las **intenciones** son el núcleo de cualquier agente en DialogFlow. Representan los diferentes temas o solicitudes que los usuarios pueden hacer.

---

ⓘ **EJEMPLO**

Ejemplos de intenciones en marketing digital:

- Consulta de productos: "¿Tienen zapatillas deportivas en stock?"
- Seguimiento de pedidos: "¿Dónde está mi pedido?"
- Atención a clientes: "Necesito ayuda con una devolución".
- Generación de leads: "Quisiera recibir más información sobre sus servicios".

**• PASO 6. Creación de entidades personalizadas**

Las **entidades** permiten que DialogFlow reconozca términos específicos dentro de una conversación, como nombres de productos, ciudades o categorías de servicio.

---

### ⓘ EJEMPLO

Un ecommerce configura una entidad llamada "categoría_producto", que reconoce términos como "ropa deportiva", "zapatos", "relojes inteligentes", permitiendo ofrecer respuestas más precisas.

---

**• PASO 7. Creación de respuestas personalizadas y dinámicas**

Los agentes en **DialogFlow** pueden responder de manera estática o dinámica, dependiendo de la integración con bases de datos y APIs externas. Los tipos de respuestas en DialogFlow son:

▸ **Respuestas estáticas**:

Mensajes predefinidos según cada intención.

▸ **Respuestas dinámicas**:

Información extraída de bases de datos en tiempo real.

▸ **Respuestas con opciones interactivas**:

Botones y tarjetas visuales para mejorar la experiencia del usuario.

**• PASO 8. Entrenamiento y prueba del agente**

Una vez configurado el agente, se debe entrenar para mejorar su capacidad de comprensión y respuesta. **DialogFlow permite evaluar el desempeño del modelo con frases de prueba y feedback en tiempo real**.

Las herramientas de entrenamiento en DialogFlow son:

▼ **Pruebas en la consola**:

Simulación de conversaciones para mejorar la precisión.

▼ **Ajuste de intenciones**:

Corrección de errores en la detección de intenciones.

▼ **Mejoras con aprendizaje automático**:

DialogFlow ajusta automáticamente la precisión de las respuestas basándose en interacciones previas.

Una vez entrenado el chatbot, puede integrarse en diferentes plataformas para interactuar con los usuarios:

▼ **WhatsApp y Facebook Messenger**:

Atención al cliente y automatización de respuestas.

▼ **Google Assistant**:

Creación de asistentes de voz personalizados.

▼ **Páginas web y ecommerce**:

Chatbots integrados en tiendas online.

▼ **CRM y herramientas de automatización**:

conexión con HubSpot, Salesforce y otros sistemas.

Una vez implementado, es importante medir el rendimiento del chatbot y optimizar su desempeño. Las métricas clave en la evaluación de chatbots son:

▼ **Tasa de retención**:

¿Cuántos usuarios completan la conversación sin abandonar el chatbot?

⚑ **Tiempo promedio de respuesta**:

¿Qué tan rápido responde el agente?

⚑ **Nivel de precisión**:

¿Cuántas consultas son entendidas correctamente?

⚑ **Conversión de leads**:

¿Cuántos usuarios se registran o compran después de interactuar con el chatbot?

## 3.3 INTRODUCCIÓN AL DESARROLLO DE IA CON PYTHON

Python se ha consolidado como el lenguaje de programación más utilizado en el desarrollo de **Inteligencia Artificial (IA)** y **Machine Learning (ML)** debido a su simplicidad, versatilidad y la amplia disponibilidad de bibliotecas especializadas. En el ámbito del **marketing digital**, la implementación de algoritmos de **aprendizaje automático** permite **analizar grandes volúmenes de datos, detectar patrones, predecir tendencias y automatizar la personalización de estrategias**.

En este apartado, se abordará el **desarrollo de IA con Python**, explorando el **planteamiento de algoritmos de Machine Learning**, sus componentes clave y su implementación práctica en el contexto del marketing.

## 3.3.1 Planteamiento de un algoritmo de ML

Un **algoritmo de Machine Learning** es un conjunto de reglas y procesos que permiten a un sistema aprender a partir de datos sin programarse explícitamente para cada tarea. En marketing, estos algoritmos se utilizan para:

- ▼ **Segmentación de clientes** basada en el comportamiento.

- ▼ **Predicción de conversiones y ventas** en campañas publicitarias.

- ▼ **Optimización del pricing** en función de la demanda y el comportamiento del consumidor.

- ▼ **Personalización de contenido y recomendaciones** en ecommerce y redes sociales.

Para el desarrollo de un **algoritmo de ML en Python**, es necesario seguir una serie de pasos clave.

### 3.3.1.1  DEFINICIÓN DEL PROBLEMA Y RECOPILACIÓN DE DATOS

Antes de desarrollar un modelo de **Machine Learning**, es fundamental definir claramente el problema que se busca resolver y recopilar los datos adecuados para entrenarlo.

---

ⓘ **EJEMPLO**

Una empresa de comercio electrónico quiere predecir qué clientes tienen mayor probabilidad de realizar una compra en los próximos 30 días. Para ello, recopila datos como:

- ■ Historial de compras.
- ■ Frecuencia de visitas al sitio web.
- ■ Interacción con campañas publicitarias.
- ■ Datos demográficos.

El código en Python para importar datos es el siguiente:

```
1    import pandas as pd
2
3    # Cargar datos desde un archivo CSV
4    datos = pd.read_csv("clientes.csv")
5
6    # Ver las primeras filas del dataset
7    print(datos.head())
8
```

## 3.3.1.2  PREPROCESAMIENTO Y LIMPIEZA DE DATOS

Los datos en bruto pueden contener valores nulos, duplicados o inconsistencias que deben corregirse antes de entrenar un modelo.

### ⓘ EJEMPLO

Si un ecommerce tiene registros de clientes con valores nulos en la variable "edad", se pueden completar estos valores con la mediana de la edad de los clientes.

El código en Python para limpiar datos es el siguiente:

```
1    # Eliminar valores nulos
2    datos.fillna(datos.median(), inplace=True)
3
4    # Convertir variables categóricas en numéricas
5    datos = pd.get_dummies(datos, columns=['genero', 'categoria_producto'])
6
```

Las técnicas comunes de preprocesamiento son:

▸ Eliminación de datos duplicados o inconsistentes.

▸ Normalización y estandarización de datos numéricos.

▸ Transformación de variables categóricas en valores numéricos.

## 3.3.1.3 SELECCIÓN DEL ALGORITMO DE MACHINE LEARNING

Existen diferentes tipos de algoritmos de Machine Learning, y la elección del más adecuado dependerá del problema a resolver:

- ▼ **Regresión logística** → Predicción de conversiones y churn.

- ▼ **Árboles de decisión** → Segmentación de clientes.

- ▼ **Redes neuronales** → Recomendaciones personalizadas.

- ▼ **K-Means (clustering)** → Agrupación de audiencias en campañas de publicidad.

A continuación, vemos un **ejemplo de modelo de regresión logística en Python:**

```
1   from sklearn.model_selection import train_test_split
2   from sklearn.linear_model import LogisticRegression
3
4   # Separar variables predictoras y objetivo
5   X = datos.drop(columns=['compra_realizada'])
6   y = datos['compra_realizada']
7
8   # Dividir datos en conjunto de entrenamiento y prueba
9   X_train, X_test, y_train, y_test = train_test_split(X, y, test_size=0.2, random_state=42)
10
11  # Entrenar modelo de regresión logística
12  modelo = LogisticRegression()
13  modelo.fit(X_train, y_train)
14
```

ⓘ **NOTA**

Explicación:

Se selecciona la variable objetivo (compra_realizada).

Se dividen los datos en entrenamiento (80%) y prueba (20%).

Se entrena un modelo de regresión logística para predecir la probabilidad de compra.

## 3.3.1.4 EVALUACIÓN DEL MODELO

Una vez entrenado el modelo, es necesario evaluar su desempeño con métricas como **accuracy (precisión), recall y F1-score**. El código en Python para evaluar el modelo es el siguiente:

```
1   from sklearn.metrics import accuracy_score, classification_report
2
3   # Realizar predicciones
4   y_pred = modelo.predict(X_test)
5
6   # Evaluar precisión del modelo
7   print("Precisión:", accuracy_score(y_test, y_pred))
8   print("Reporte de clasificación:\n", classification_report(y_test, y_pred))
9
```

Las métricas clave son:

▼ **Precisión (accuracy)**:

Qué tan bien predice el modelo.

▼ **Recall**:

Cuántos clientes que en realidad compran se identificaron correctamente.

▼ **F1-score**:

Equilibrio entre precisión y recall.

### ⓘ EJEMPLO

Si el modelo alcanza un 85% de precisión, significa que predice correctamente la probabilidad de compra en 85 de cada 100 casos.

## 3.3.1.5 GENERACIÓN DE PREDICCIONES Y APLICACIÓN EN MARKETING

Una vez validado el modelo, se puede utilizar para hacer predicciones sobre nuevos clientes y automatizar estrategias de marketing. El código en Python para generar predicciones es el siguiente:

```
# Datos de un nuevo cliente para predecir si comprará o no
nuevo_cliente = [[35, 10, 3, 15]]  # Edad, historial de compras, interacciones, tiempo en sitio

# Predicción
probabilidad_compra = modelo.predict_proba(nuevo_cliente)[:,1]
print("Probabilidad de compra:", probabilidad_compra[0])
```

### ⓘ EJEMPLO

Si un cliente tiene un 80% de probabilidad de compra, la empresa puede enviarle un descuento personalizado o mostrarle un anuncio específico en redes sociales.

## 3.3.1.6 IMPLEMENTACIÓN DEL MODELO EN UNA ESTRATEGIA DE MARKETING DIGITAL

Una vez entrenado y validado, el modelo puede integrarse con herramientas de marketing:

- Automatización de campañas publicitarias en Google Ads.

- Segmentación de clientes en CRM (HubSpot, Salesforce).

- Personalización de correos electrónicos con Mailchimp.

- Optimización de landing pages según el comportamiento del usuario.

## 3.3.2 Ejecución del código para la obtención de un modelo de IA

La ejecución de un modelo de **Inteligencia Artificial (IA)** con **Python** implica la aplicación de código para entrenar, evaluar y desplegar un modelo de **Machine Learning (ML)**. Este proceso es clave en el ámbito del **marketing digital**, ya que permite predecir tendencias, optimizar estrategias publicitarias y personalizar la interacción con los clientes.

Para ejecutar un modelo de IA en Python, es necesario **instalar las bibliotecas fundamentales:**

```
1   pip install pandas numpy scikit-learn matplotlib seaborn
2
```

Vemos una descripción de las **librerías utilizadas:**

▼ **pandas**. Manipulación de datos estructurados (tablas y datasets).

▼ **numpy**. Cálculos numéricos y operaciones matriciales.

▼ **scikit-learn**. Creación y evaluación de modelos de Machine Learning.

- ▰ **matplotlib y seaborn**. Visualización de datos y métricas del modelo.

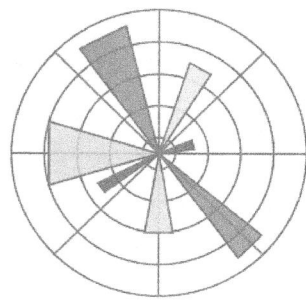

El primer paso es importar los datos y explorar su estructura antes de entrenar un modelo. El código en Python para cargar y visualizar los datos es el siguiente:

```
1    import pandas as pd
2
3    # Cargar datos de clientes desde un CSV
4    datos = pd.read_csv("clientes.csv")
5
6    # Mostrar las primeras filas del dataset
7    print(datos.head())
8
9    # Verificar información general del dataset
10   print(datos.info())
11
```

Las tareas clave en esta fase son:

- ▰ Comprobar que los datos se han importado correctamente.

- ▰ Identificar valores nulos o inconsistencias.

- ▰ Explorar la distribución de las variables.

Después, los datos deben ser **limpiados y transformados** antes de entrenar un modelo de IA. El código en Python para limpiar y transformar datos es el siguiente:

```
1   # Eliminar filas con valores nulos
2   datos = datos.dropna()
3
4   # Convertir variables categóricas en numéricas
5   datos = pd.get_dummies(datos, columns=['genero', 'categoria_producto'])
6
7   # Normalizar datos numéricos para mejorar el rendimiento del modelo
8   from sklearn.preprocessing import StandardScaler
9
10  escalador = StandardScaler()
11  columnas_numericas = ['edad', 'historial_compras', 'interaccion_ads']
12  datos[columnas_numericas] = escalador.fit_transform(datos[columnas_numericas])
13
```

Las tareas clave en esta fase son:

▸ **Eliminación de valores nulos** o inconsistentes.

▸ **Conversión de variables categóricas** en valores numéricos.

▸ **Normalización de datos** para evitar sesgos en el entrenamiento del modelo.

Después, para evaluar correctamente un modelo de IA, se divide el conjunto de datos en dos partes:

▸ **Entrenamiento (80%)** → Datos utilizados para entrenar el modelo.

▸ **Prueba (20%)** → Datos reservados para evaluar el rendimiento del modelo.

El código en Python para dividir los datos es:

```
1   from sklearn.model_selection import train_test_split
2
3   # Definir variables predictoras y objetivo
4   X = datos.drop(columns=['compra_realizada'])
5   y = datos['compra_realizada']
6
7   # Dividir datos en entrenamiento (80%) y prueba (20%)
8   X_train, X_test, y_train, y_test = train_test_split(X, y, test_size=0.2, random_state=42)
9
```

A continuación, vemos un ejemplo en el que se utilizará un **modelo de regresión logística**, que es ideal para predecir eventos binarios (como si un usuario comprará o no). El código en Python para entrenar el modelo sería el siguiente:

```python
from sklearn.linear_model import LogisticRegression

# Crear y entrenar el modelo
modelo = LogisticRegression()
modelo.fit(X_train, y_train)

```

---

**ⓘ NOTA**

Explicación:

- Se crea un modelo de Regresión Logística con scikit-learn.

- Se entrena utilizando los datos de entrenamiento.

---

Una vez entrenado, se debe **evaluar su precisión** para asegurarse de que hace predicciones confiables. El código en Python para evaluar el modelo es el siguiente:

```python
from sklearn.metrics import accuracy_score, classification_report

# Generar predicciones en el conjunto de prueba
y_pred = modelo.predict(X_test)

# Evaluar el rendimiento del modelo
print("Precisión:", accuracy_score(y_test, y_pred))
print("Reporte de clasificación:\n", classification_report(y_test, y_pred))

```

Las métricas clave son:

- **Precisión (accuracy)**. Indica qué tan acertado es el modelo.

- **Recall**. Evalúa la capacidad del modelo para detectar casos positivos.

- **F1-score**. Mide el equilibrio entre precisión y recall.

Una vez validado, el modelo puede utilizarse para hacer predicciones en nuevos clientes. El código en Python para hacer predicciones es:

```
1  # Datos de un nuevo cliente
2  nuevo_cliente = [[30, 5, 10]]  # Edad, historial de compras, interacciones con anuncios
3
4  # Predicción de compra
5  probabilidad_compra = modelo.predict_proba(nuevo_cliente)[:,1]
6  print("Probabilidad de compra:", probabilidad_compra[0])
7
```

Por último, una vez entrenado y validado, el modelo puede integrarse en **Google Ads, CRM o herramientas de automatización de marketing** para mejorar la segmentación y optimizar campañas. Algunos ejemplos de aplicación en marketing digital son:

▸ **Segmentación automática** en Google Ads basada en la probabilidad de conversión.

▸ **Personalización de correos electrónicos** en Mailchimp según predicciones de compra.

▸ **Ajuste dinámico de precios** basado en la demanda y el comportamiento del cliente.

### 3.3.3 Caracterización de un autoencoder y de una red neuronal convolucional

Las **redes neuronales profundas (Deep Learning)** han revolucionado la **Inteligencia Artificial (IA)** y el **Machine Learning (ML)** al permitir el procesamiento de datos complejos como imágenes, texto y series temporales. Dentro de este ecosistema, los **autoencoders** y las **redes neuronales convolucionales (CNN)** destacan por sus aplicaciones en la **reducción de dimensionalidad, detección de patrones y análisis avanzado de datos**.

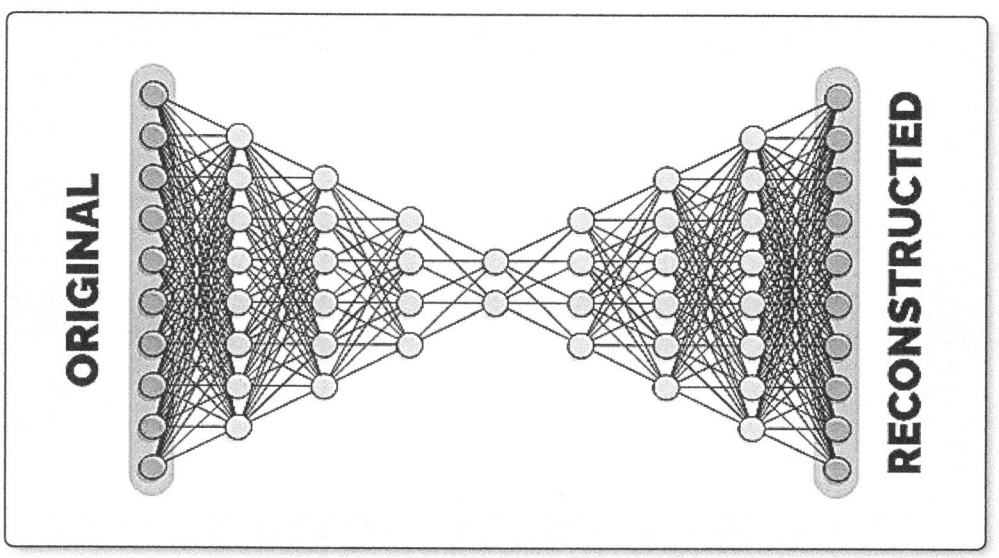

### ¿Qué es un autoencoder?

Un **autoencoder** es un tipo de **red neuronal artificial** utilizada para la **reducción de dimensionalidad**, la **detección de anomalías** y la **reconstrucción de datos**. Su objetivo es aprender una representación comprimida de los datos de entrada, permitiendo la extracción de características relevantes. Sus características clave son:

1. **Arquitectura compuesta por dos partes:**

    - **Codificador (encoder):**

      Reduce la dimensionalidad de los datos.

    - **Decodificador (decoder):**

      Reconstruye los datos originales a partir de la representación comprimida.

2. **No supervisado**:

No requiere etiquetas para el entrenamiento.

3. **Útil para eliminar ruido en datos e imágenes**.

4. **Aplicado en detección de fraudes, segmentación de clientes y recomendación de productos**.

---

ⓘ **EJEMPLO**

Una empresa de publicidad utiliza un autoencoder para identificar patrones en el comportamiento de los clientes y detectar compras fraudulentas.

---

A continuación, vemos un **esquema básico de un autoencoder:**

```
1   import tensorflow as tf
2   from tensorflow import keras
3   from tensorflow.keras.layers import Input, Dense
4   from tensorflow.keras.models import Model
5
6   # Definir el codificador (encoder)
7   input_dim = 100  # Número de características
8   encoding_dim = 32  # Representación comprimida
9
10  input_layer = Input(shape=(input_dim,))
11  encoded = Dense(encoding_dim, activation='relu')(input_layer)
12
13  # Definir el decodificador (decoder)
14  decoded = Dense(input_dim, activation='sigmoid')(encoded)
15
16  # Construcción del autoencoder
17  autoencoder = Model(input_layer, decoded)
18
19  # Compilación del modelo
20  autoencoder.compile(optimizer='adam', loss='binary_crossentropy')
21
```

> **ⓘ NOTA**
>
> Explicación:
>
> El autoencoder aprende a reducir la dimensionalidad a 32 características.
>
> Luego, intenta reconstruir los datos originales utilizando la capa de decodificación.
>
> Se entrena con un conjunto de datos sin etiquetas.

**¿Qué es una CNN?**

Las **redes neuronales convolucionales (CNN)** son un tipo de **red neuronal profunda** diseñada para procesar **datos espaciales** como **imágenes y vídeos**, pero también pueden aplicarse a datos secuenciales en marketing. Sus c**aracterísticas clave son:**

1. **Utilizadas para el procesamiento de imágenes y reconocimiento de patrones**.

2. **Capa de convolución** que extrae características de los datos.

3. **Aplicaciones en visión artificial, análisis de redes sociales y reconocimiento de tendencias.**

> **ⓘ EJEMPLO**
>
> Una empresa de retail usa una CNN para analizar imágenes de productos y categorizar automáticamente las fotos en su plataforma de ecommerce.

Una **red neuronal convolucional** está compuesta por:

▼ **Capas convolucionales**:
   Extraen patrones clave de las imágenes.

▼ **Capas de pooling**:
   Reducen la dimensionalidad de la información.

▼ **Capas completamente conectadas (fully connected)**:
   Realizan la clasificación final.

Un **esquema básico de una CNN en Python** sería el siguiente:

```
1   import tensorflow as tf
2   from tensorflow.keras.models import Sequential
3   from tensorflow.keras.layers import Conv2D, MaxPooling2D, Flatten, Dense
4
5   # Definir la arquitectura de la CNN
6   modelo_cnn = Sequential([
7       Conv2D(32, (3,3), activation='relu', input_shape=(64, 64, 3)),  # Capa convolucional
8       MaxPooling2D(pool_size=(2,2)),  # Capa de pooling
9       Flatten(),  # Aplanamiento de la información
10      Dense(128, activation='relu'),  # Capa totalmente conectada
11      Dense(10, activation='softmax')  # Capa de salida para clasificación
12  ])
13
14  # Compilación del modelo
15  modelo_cnn.compile(optimizer='adam', loss='categorical_crossentropy', metrics=['accuracy'])
16
```

## ⓘ NOTA

Explicación:

La CNN extrae características de una imagen mediante capas convolucionales.

Luego, se reduce la dimensionalidad con capas de pooling.

Finalmente, se clasifica la imagen en una de 10 categorías usando Softmax.

A continuación, se expone una comparación entre Autoencoders y Redes Neuronales Convolucionales:

| Característica | Autoencoder | CNN |
|---|---|---|
| Propósito | Reducción de dimensionalidad y detección de anomalías. | Procesamiento y clasificación de imágenes. |
| Tipo de aprendizaje | No supervisado. | Supervisado. |
| Componentes clave | Codificador y decodificador. | Capas convolucionales y de pooling. |
| Aplicaciones en marketing | Segmentación de clientes, detección de fraudes. | Clasificación de imágenes, análisis de tendencias visuales. |

**ⓘ EJEMPLO**

Un autoencoder detecta clientes atípicos en una base de datos.

Una CNN analiza imágenes de productos y sugiere etiquetas optimizadas.

Por lo tanto, los **autoencoders y las redes neuronales convolucionales (CNN)** son herramientas clave dentro del **Deep Learning** y tienen aplicaciones significativas en **marketing digital**:

- ▶ **Los autoencoders permiten reducir la dimensionalidad y detectar anomalías**, optimizando la segmentación de clientes y la detección de fraudes.

- ▶ **Las CNN procesan datos visuales y reconocen patrones en imágenes**, facilitando la automatización de catálogos y la personalización de anuncios.

La combinación de estas tecnologías con otras estrategias de **Machine Learning** ofrece nuevas oportunidades para mejorar la eficiencia y personalización en el ámbito del marketing digital.

## 3.3.4 Proceso de diseño y programación de una solución de IA

El **diseño y programación de una solución de Inteligencia Artificial (IA)** es un proceso estructurado que involucra desde la identificación del problema hasta la implementación del modelo en un entorno productivo. En el ámbito del **marketing digital**, las soluciones de IA permiten **automatizar la segmentación de clientes, optimizar campañas publicitarias, personalizar contenido y predecir comportamientos de compra**.

Para desarrollar una solución de IA efectiva, es fundamental seguir un proceso estructurado que garantice **precisión, escalabilidad y**

**eficiencia** en la implementación. **Las fases principales en el desarrollo de una solución de IA son:**

1. Definición del problema y objetivos.

2. Recopilación y preparación de datos.

3. Selección del modelo de IA.

4. Entrenamiento y evaluación del modelo.

5. Implementación en un entorno de producción.

6. Monitoreo y mejora continua.

Antes de comenzar con la programación de una solución de IA, es necesario **definir el problema y los objetivos** del modelo. Algunas preguntas clave en esta fase pueden ser:

▼ ¿Qué problema de negocio se busca resolver con IA?

▼ ¿Qué datos están disponibles para entrenar el modelo?

▼ ¿Cuáles son las métricas clave de éxito del modelo?

El código en Python para cargar los datos es el siguiente:

```
import pandas as pd

# Cargar datos históricos de clientes
datos = pd.read_csv("suscripciones.csv")

# Mostrar las primeras filas del dataset
print(datos.head())
```

En este caso, el objetivo del modelo es predecir qué usuarios cancelarán su suscripción con base en su historial de interacciones.

Los datos en bruto deben limpiarse, **transformados y preparados** para utilizarse en el entrenamiento del modelo. En esta fase, se realizan las siguientes tareas:

1. Eliminación de datos duplicados y valores nulos.

2. Normalización de variables numéricas.

3. Conversión de variables categóricas en valores numéricos.

El código en Python para preprocesar datos es:

```
1   # Eliminar valores nulos
2   datos = datos.dropna()
3
4   # Convertir variables categóricas en numéricas
5   datos = pd.get_dummies(datos, columns=['tipo_suscripcion', 'pais'])
6
7   # Normalizar datos numéricos
8   from sklearn.preprocessing import StandardScaler
9   escalador = StandardScaler()
10  datos[['uso_diario', 'interacciones', 'facturacion']] = escalador.fit_transform(datos[['uso_diario', 'interacciones', 'facturacion']])
11
```

## ⓘ EJEMPLO

Una empresa de SaaS normaliza sus datos de clientes para mejorar la precisión de su modelo de predicción de cancelación de suscripciones.

El siguiente paso es seleccionar el **modelo de IA** más adecuado y entrenarlo con los datos preparados:

▶ **Regresión logística**. Predicción de conversión de clientes.

▶ **Árboles de decisión y Random Forest**. Segmentación de clientes.

▶ **Redes neuronales**. Personalización de anuncios y recomendaciones.

El código en Python para entrenar un modelo de clasificación de clientes es el siguiente:

```python
1   from sklearn.model_selection import train_test_split
2   from sklearn.ensemble import RandomForestClassifier
3
4   # Definir variables predictoras y objetivo
5   X = datos.drop(columns=['cancelacion'])
6   y = datos['cancelacion']
7
8   # Dividir datos en entrenamiento y prueba
9   X_train, X_test, y_train, y_test = train_test_split(X, y, test_size=0.2, random_state=42)
10
11  # Entrenar modelo de Random Forest
12  modelo = RandomForestClassifier(n_estimators=100, random_state=42)
13  modelo.fit(X_train, y_train)
14
```

## ⓘ NOTA

Explicación:

**Se divide el dataset en entrenamiento (80%) y prueba (20%).**

**Se entrena un modelo de Random Forest, ideal para clasificar clientes en función de su probabilidad de cancelar la suscripción.**

Una vez entrenado, se debe evaluar el rendimiento del modelo utilizando métricas de clasificación. El código en Python para evaluar el modelo es:

```python
1   from sklearn.metrics import accuracy_score, classification_report
2
3   # Generar predicciones
4   y_pred = modelo.predict(X_test)
5
6   # Evaluar precisión del modelo
7   print("Precisión:", accuracy_score(y_test, y_pred))
8   print("Reporte de clasificación:\n", classification_report(y_test, y_pred))
9
```

> ### ⓘ EJEMPLO
>
> Si el modelo alcanza un 85% de precisión, significa que predice correctamente el abandono de clientes en 85 de cada 100 casos.

Una vez validado, el modelo se puede integrar en un sistema de marketing para su uso en tiempo real. Los **métodos de implementación** son:

- ▸ **API REST** para conectar el modelo con aplicaciones web y CRM.

- ▸ **Automatización en Google Ads** para personalizar anuncios según la predicción de conversión.

- ▸ **Integración con chatbots** para ofrecer soporte personalizado.

Después de su implementación, es importante monitorear el modelo y actualizarlo con nuevos datos, con las siguientes tareas:

- ▸ **Evaluar el rendimiento del modelo periódicamente**.

- ▸ **Entrenar el modelo con nuevos datos** para mejorar la precisión.

- ▸ **Ajustar hiperparámetros** para optimizar su desempeño.

Por lo tanto, el **diseño y programación de una solución de IA** sigue un flujo estructurado que incluye:

1. Definición del problema y recopilación de datos.

2. Preprocesamiento y transformación de datos.

3. Selección, entrenamiento y evaluación del modelo de IA.

4. Implementación en entornos productivos (Google Ads, CRM, chatbots, etc.).

5. Monitoreo y mejora continua del modelo.

El uso de **IA en marketing digital** permite optimizar la experiencia del cliente, automatizar la personalización y mejorar la eficiencia en la toma de decisiones, asegurando campañas más efectivas y una mejor conversión de usuarios.

## 3.4 PRUEBA DE AUTOEVALUACIÓN

1. **¿Cuál es la principal ventaja de usar Python en el desarrollo de IA?**

   a) Su sintaxis es más compleja que otros lenguajes.

   b) No cuenta con bibliotecas especializadas para IA.

   c) **Es un lenguaje versátil con múltiples bibliotecas para Machine Learning y Deep Learning.**

   d) No permite la integración con herramientas de marketing digital.

**2. ¿Qué función tienen los autoencoders en Machine Learning?**

a) **Reducir la dimensionalidad de los datos y detectar patrones ocultos.**

b) Clasificar imágenes en categorías predefinidas.

c) Predecir valores futuros en series temporales.

d) Detectar objetos en imágenes.

**3. ¿Cuál de las siguientes afirmaciones describe mejor a las redes neuronales convolucionales (CNN)?**

a) Son modelos diseñados exclusivamente para la reducción de dimensionalidad.

b) **Se utilizan principalmente en el procesamiento de imágenes y reconocimiento de patrones.**

c) No requieren entrenamiento supervisado.

d) No se pueden aplicar en marketing digital.

**4. ¿Cuál es el objetivo de preprocesar los datos antes de entrenar un modelo de IA?**

a) Asegurar que el modelo tenga el menor número de capas posibles.

b) Evitar que el modelo pueda aprender patrones complejos.

c) Hacer que el modelo prediga siempre la misma salida.

d) **Eliminar inconsistencias, valores nulos y mejorar la calidad del dataset.**

**5.** **¿Cuál de los siguientes algoritmos es más adecuado para predecir si un usuario cancelará su suscripción en los próximos 30 días?**

a) **Regresión logística.**

b) K-Means (clustering).

c) Redes neuronales convolucionales (CNN).

d) Algoritmos de detección de objetos.

**6.** **¿Cuál es el principal beneficio de BigQuery ML en marketing digital?**

a) **Permite crear modelos de Machine Learning con consultas SQL, sin necesidad de programación avanzada.**

b) Solo se usa para almacenar datos sin posibilidad de aplicar modelos de IA.

c) No tiene integración con otras herramientas de Google.

d) Solo puede utilizarse en entornos académicos, no en empresas.

**7.** **¿Qué componente clave permite que las redes neuronales convolucionales extraigan características de una imagen?**

a) **Las capas convolucionales.**

b) Las capas recurrentes.

c) Los árboles de decisión.

d) La normalización de datos.

**8.** **¿Para qué se utilizan las APIs en la implementación de modelos de IA en marketing digital?**

a) Para visualizar gráficos de predicción sin conexión a internet.

b) **Para conectar modelos de IA con herramientas de automatización, CRM y plataformas de publicidad digital.**

c) Para eliminar datos innecesarios del dataset.

d) Para evitar que los modelos se actualicen con nuevos datos.

**9.** **¿Cuál de los siguientes modelos es el más adecuado para clasificar imágenes de productos en un ecommerce?**

a) Regresión logística.

b) Autoencoders.

c) K-Means (clustering).

d) **Redes neuronales convolucionales (CNN).**

**10.** **¿Cuál es un paso clave en el proceso de monitoreo y mejora continua de un modelo de IA en producción?**

a) Entrenar el modelo una sola vez y no actualizarlo.

b) **Evaluar periódicamente el rendimiento y reentrenar con datos nuevos.**

c) Usar el modelo sin validar su precisión en datos reales.

d) Reducir el conjunto de entrenamiento cada vez más para minimizar el uso de memoria.

## 3.5 RESPUESTAS

**1.** **¿Cuál es la principal ventaja de usar Python en el desarrollo de IA?**

c) **Es un lenguaje versátil con múltiples bibliotecas para Machine Learning y Deep Learning.**

**2.** **¿Qué función tienen los autoencoders en Machine Learning?**

a) **Reducir la dimensionalidad de los datos y detectar patrones ocultos.**

3. ¿Cuál de las siguientes afirmaciones describe mejor a las redes neuronales convolucionales (CNN)?

  b) Se utilizan principalmente en el procesamiento de imágenes y reconocimiento de patrones.

4. ¿Cuál es el objetivo de preprocesar los datos antes de entrenar un modelo de IA?

  d) Eliminar inconsistencias, valores nulos y mejorar la calidad del dataset.

5. ¿Cuál de los siguientes algoritmos es más adecuado para predecir si un usuario cancelará su suscripción en los próximos 30 días?

  a) Regresión logística.

6. ¿Cuál es el principal beneficio de BigQuery ML en marketing digital?

  a) Permite crear modelos de Machine Learning con consultas SQL, sin necesidad de programación avanzada.

7. ¿Qué componente clave permite que las redes neuronales convolucionales extraigan características de una imagen?

  a) Las capas convolucionales.

8. ¿Para qué se utilizan las APIs en la implementación de modelos de IA en marketing digital?

  b) Para conectar modelos de IA con herramientas de automatización, CRM y plataformas de publicidad digital.

9. ¿Cuál de los siguientes modelos es el más adecuado para clasificar imágenes de productos en un ecommerce?

  d) Redes neuronales convolucionales (CNN).

10. ¿Cuál es un paso clave en el proceso de monitoreo y mejora continua de un modelo de IA en producción?

  b) Evaluar periódicamente el rendimiento y reentrenar con datos nuevos.

# Resumen

La Inteligencia Artificial (IA) aplicada al marketing está transformando radicalmente la forma en que las empresas analizan datos, crean estrategias y optimizan campañas. Este manual proporciona un recorrido exhaustivo por las principales aplicaciones de la IA en el ámbito del marketing digital, abordando desde sus fundamentos hasta el desarrollo de soluciones personalizadas para la toma de decisiones estratégicas.

El contenido de este manual se estructura en torno a tres grandes pilares: la introducción a la inteligencia artificial, los procesos de implementación en estrategias de marketing y el desarrollo de soluciones avanzadas con herramientas especializadas. A lo largo de sus capítulos, se presentan los conceptos clave de la IA, su evolución histórica, las técnicas fundamentales como el aprendizaje automático y el aprendizaje profundo, y su impacto en la personalización de experiencias digitales.

Uno de los aspectos más destacados de este manual es la exploración de herramientas prácticas como BigML, Google Cloud Platform (GCP), BigQuery y DialogFlow, que permiten la automatización de análisis de datos, la predicción de tendencias y la optimización de la relación con los clientes. Se explican en detalle los pasos para la construcción de modelos predictivos sin necesidad de conocimientos avanzados en programación, facilitando la aplicación de la IA en campañas publicitarias, estudios de mercado y estrategias de fidelización.

Además, se analiza la importancia de la publicidad programática, la gestión de imagen de marca y la optimización de redes sociales mediante inteligencia artificial, destacando casos de éxito y metodologías de implementación. Se abordan también las implicaciones éticas y legales, incluyendo la privacidad de los datos y la propiedad intelectual de los contenidos generados por algoritmos.

Este manual está diseñado para profesionales del marketing, analistas de datos, estrategas digitales y emprendedores, proporcionando conocimientos teóricos y herramientas prácticas para integrar la inteligencia artificial en sus estrategias de negocio. A través de ejemplos aplicados y proyectos guiados, el lector podrá comprender cómo la IA puede mejorar la eficiencia y el impacto de sus campañas, permitiendo la toma de decisiones basadas en datos y optimizando el retorno de inversión.

# Glosario

- **Aprendizaje Automático (Machine Learning, ML):** rama de la Inteligencia Artificial que permite a los sistemas aprender y mejorar a partir de datos sin necesidad de programación explícita.

- **Aprendizaje Supervisado:** tipo de aprendizaje automático en el que el modelo se entrena con datos etiquetados, es decir, con ejemplos en los que se conoce la salida correcta.

- **Aprendizaje No Supervisado:** técnica en la que el modelo analiza datos sin etiquetas, buscando patrones ocultos sin una estructura predefinida.

- **Aprendizaje por Refuerzo:** método de aprendizaje basado en la interacción del sistema con su entorno mediante un esquema de recompensas y penalizaciones.

- **API (Application Programming Interface):** conjunto de reglas y protocolos que permite la comunicación entre diferentes aplicaciones o plataformas.

- **Análisis Predictivo:** técnica que utiliza modelos estadísticos y algoritmos de Machine Learning para predecir eventos futuros basados en datos históricos.

- **Automatización de Marketing:** uso de software e Inteligencia Artificial para gestionar de manera automática tareas repetitivas en marketing, como el envío de correos electrónicos o la segmentación de audiencias.

▸ **Big Data:** conjunto masivo de datos estructurados y no estructurados que requieren tecnologías avanzadas para su procesamiento y análisis.

▸ **BigQuery:** plataforma de análisis de datos de Google Cloud que permite consultas en grandes volúmenes de información en tiempo real.

▸ **BigML:** herramienta "no code" para la creación de modelos de Machine Learning sin necesidad de programación.

▸ **Business Intelligence (BI):** conjunto de estrategias y tecnologías utilizadas para analizar datos empresariales y facilitar la toma de decisiones.

▸ **Chatbot:** programa basado en Inteligencia Artificial diseñado para simular conversaciones con los usuarios, automatizando la atención al cliente y otros procesos de comunicación.

▸ **Cloud Computing:** modelo de computación que permite el acceso remoto a servidores, almacenamiento y servicios de procesamiento a través de internet.

▸ **Conversión:** acción deseada dentro de una estrategia de marketing digital, como la compra de un producto, la descarga de un documento o la suscripción a una newsletter.

▸ **CRM (Customer Relationship Management):** Software que permite gestionar las relaciones con los clientes, integrando información sobre interacciones, preferencias y comportamiento.

▸ **Dashboard (Cuadro de Mandos):** panel de visualización de datos en tiempo real, utilizado para el seguimiento de métricas clave en marketing digital.

▸ **Data Mining (Minería de Datos):** proceso de exploración y análisis de grandes volúmenes de datos para descubrir patrones y relaciones ocultas.

▸ **DialogFlow:** plataforma de Google Cloud para la creación de agentes conversacionales y chatbots impulsados por Inteligencia Artificial.

▸ **Deep Learning (Aprendizaje Profundo):** subcampo del Machine Learning basado en redes neuronales artificiales con múltiples capas, utilizado para tareas complejas como reconocimiento de imágenes y procesamiento del lenguaje natural.

▸ **DMP (Data Management Platform):** plataforma que permite recopilar, organizar y analizar datos de audiencias para mejorar la segmentación en campañas de marketing digital.

▸ **Inteligencia Artificial Conversacional:** aplicación de la IA en chatbots y asistentes virtuales para mejorar la interacción con los usuarios mediante procesamiento de lenguaje natural.

▸ **Inteligencia Predictiva:** uso de modelos de Machine Learning y Big Data para anticipar tendencias, comportamientos y decisiones futuras.

▸ **IoT (Internet of Things):** conjunto de dispositivos conectados a internet que recopilan y transmiten datos en tiempo real.

▸ **KPI (Key Performance Indicator):** indicador clave de rendimiento que mide el éxito de una estrategia o campaña en marketing digital.

▸ **Looker Studio (Antes Google Data Studio):** herramienta de Google para la creación de informes y cuadros de mando interactivos a partir de diversas fuentes de datos.

▸ **LTV (Lifetime Value):** valor total que un cliente aporta a una empresa durante toda su relación comercial.

▸ **Marketing Predictivo:** estrategia que utiliza modelos de Machine Learning para anticipar el comportamiento de los clientes y optimizar campañas de marketing.

▸ **Meta Ads (Facebook & Instagram Ads):** plataforma publicitaria de Facebook e Instagram que permite segmentar audiencias y optimizar anuncios en redes sociales.

▸ **Modelos de Machine Learning:** algoritmos que permiten a un sistema aprender de los datos para hacer predicciones o clasificaciones.

▼ **NLP (Natural Language Processing, Procesamiento del Lenguaje Natural):** tecnología basada en IA que permite a las máquinas entender, interpretar y generar lenguaje humano.

▼ **Neural Networks (Redes Neuronales):** modelos de Machine Learning inspirados en el cerebro humano, utilizados para tareas de reconocimiento de patrones.

▼ **Programmatic Advertising (Publicidad Programática):** compra automatizada de espacios publicitarios mediante algoritmos que optimizan la segmentación y la inversión en tiempo real.

▼ **Retargeting:** estrategia de publicidad digital que impacta nuevamente a usuarios que han interactuado previamente con un sitio web o aplicación.

▼ **ROAS (Return on Ad Spend):** métrica que mide el retorno de inversión en campañas publicitarias digitales.

▼ **ROI (Return on Investment):** indicador que mide la rentabilidad de una inversión en marketing.

▼ **SEO (Search Engine Optimization):** estrategias para mejorar la visibilidad y posicionamiento de un sitio web en buscadores como Google.

▼ **Segmentación Predictiva:** uso de Inteligencia Artificial para dividir audiencias en grupos con mayor probabilidad de conversión.

▼ **Smart Bidding:** tecnología de Google Ads basada en Machine Learning para optimizar automáticamente las pujas en anuncios digitales.

▼ **Visión Artificial (Computer Vision):** rama de la Inteligencia Artificial que permite a los sistemas interpretar imágenes y vídeos.

# Material adicional

El material adicional de este libro puede descargarlo en nuestro portal web: *https://www.ra-ma.es*.

Debe dirigirse a la ficha correspondiente a esta obra, dentro de la ficha encontrará el enlace para poder realizar la descarga.

Cuando descomprima el fichero obtendrá los archivos que complementan al libro para que pueda continuar con su aprendizaje.

## INFORMACIÓN ADICIONAL Y GARANTÍA

- ▸ RA-MA EDITORIAL garantiza que estos contenidos han sido sometidos a un riguroso control de calidad.

- ▸ Los archivos están libres de virus, para comprobarlo se han utilizado las últimas versiones de los antivirus líderes en el mercado.

- ▸ RA-MA EDITORIAL no se hace responsable de cualquier pérdida, daño o costes provocados por el uso incorrecto del contenido descargable.

- ▸ Este material es gratuito y se distribuye como contenido complementario al libro que ha adquirido, por lo que queda terminantemente prohibida su venta o distribución.

# SÍGUENOS EN INSTAGRAM Y ACCEDE GRATIS A NUESTRA BIBLIOTECA DIGITAL DURANTE 30 DÍAS.

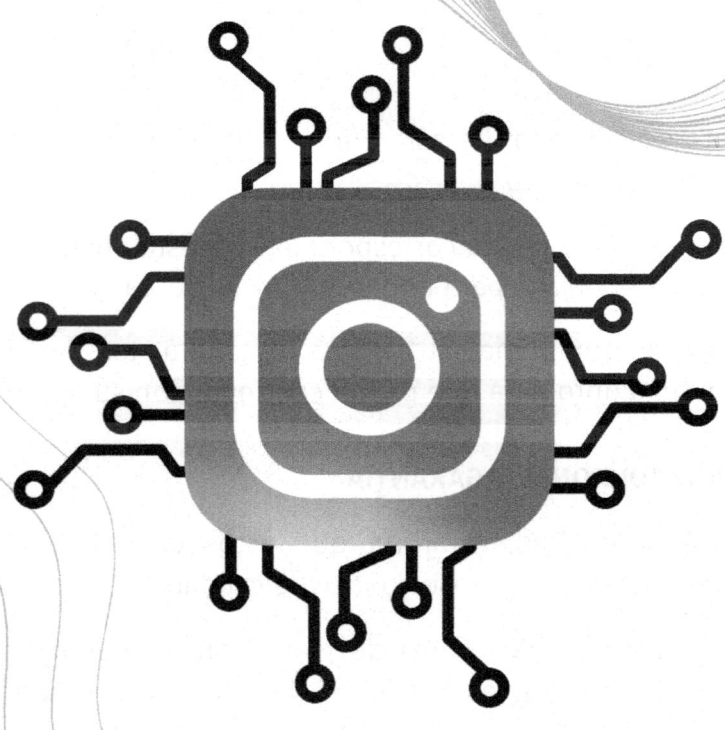

## @grupoeditorialrama

¡ENVIANOS TU MAIL POR PRIVADO!

Grupo Editorial
ra-ma

40 ANIVERSARIO